Was ist der Körper,
wenn das Haupt ihm fehlt?

William Shakespeare

Im Andenken
an meine Mutter
(1944–2016)

Edgar Platzer

Die lange Reise zurück

Die Geschichte meines Schädel-Hirn-Traumas

Lindemanns Bibliothek

Vorwort

Dies ist die Geschichte meines zweiten Lebens. Sie beginnt mit einem Schädel-Hirn-Trauma, das ich mir bei einem Motorradunfall zugezogen habe. Es ist die Geschichte von Diagnosen und Prognosen und von meiner Genesung oder dem, was ich heute als solche empfinde. Ich bin gelernter Industriekaufmann, kein Schriftsteller. Die Zeilen, die ich verfasst habe, sind einfach geschrieben. Ich hatte vor, sie komplett überarbeiten zu lassen, habe dann aber doch davon abgesehen, um vor allem mir zu zeigen, dass ich zu solchen Aufzeichnungen nach diesem Trauma noch in der Lage bin.

Wenn diese Erinnerungen eine Hilfe für alle jene sind, die Ähnliches erlebt haben, wenn sie für deren Angehörige einen kleinen Einblick in die Situation von Betroffenen bieten und Hoffnung machen, dann habe ich mit den folgenden Seiten erreicht, was ich damit erreichen wollte.

Ich danke allen, die mir während dieser schweren Zeit geholfen haben, die mich immer wieder aufgefordert haben, zumindest manches über „den langen Weg zurück" niederzuschreiben, und natürlich denen, die es schließlich zwischen zwei Buchdeckel gepackt haben.

Der größte Dank geht an Heidi, meine Frau. Ohne sie wäre dieses Buch nicht zustandegekommen und ich nicht so weit, wie ich gekommen bin: zurück ins Leben.

Als *Schädel-Hirn-Trauma* (SHT; trauma = altgriechisch für Wunde) bezeichnet man jede Verletzung des Schädels mit Hirnbeteiligung, aber keine reinen Schädelfrakturen oder Kopfplatzwunden. Wegen der Gefahr von Hirnblutungen oder anderer Komplikationen wird bei allen Patienten mit SHT (auch bei bloßen Gehirnerschütterungen) die Beobachtung im Krankenhaus empfohlen. Menschen erleiden Kopfverletzungen bei Unfällen, häufig Arbeitsunfällen, Haushalts- und Sport- sowie Verkehrsunfällen. Schutzhelme können das Verletzungsrisiko mindern.

Man unterteilt das Schädel-Hirn-Trauma nach der Glasgow-Koma-Skala (GCS) u. a. in leichtes, mittelschweres und schweres SHT. Dieses in der Notfallmedizin und beim Rettungsdienst verbreitete Bewertungsschema zur Beschreibung der Bewusstseinslage wurde 1974 von Neurochirurgen an der Universität Glasgow entwickelt. Es gibt drei Rubriken, für die jeweils Punkte vergeben werden: Augenöffnung, verbale Kommunikation und motorische Reaktion. Für jede dieser Rubriken werden Punkte vergeben und diese anschließend addiert. Die maximale Punktzahl ist 15 (bei vollem Bewusstsein), die minimale 3 Punkte (bei tiefem Koma). Bei 8 oder weniger Punkten ist von einer schweren Funktionsstörung des Gehirns auszugehen. Ich wurde eingestuft bei 5.

Prolog

Ich bin im Kraichgau aufgewachsen, in der kleinen Stadt Knittlingen. Dort habe ich bis zu meinem 32. Lebensjahr auch immer gewohnt. Seit ich 16 wurde, war das Motorradfahren meine große Leidenschaft. Aus Tagesausflügen wurden bald Urlaubsreisen durch ganz Europa, die Türkei und Marokko. Wann immer es ging saß ich auf meinem Motorrad. Fernreisen waren eine andere Leidenschaft, der ich nachging, so oft es möglich war. Während dieser Jahre auf dem Land und in der Welt habe ich viele Freundschaften geschlossen. Bis heute bin ich mit all diesen Freunden Kontakt, worauf ich sehr stolz bin.

1993 habe ich meine Frau Heidi kennengelernt. Sie ist Australierin und nach einer Reise um die Welt blieb sie für einige Jahre in Freudenstein, einem Nachbarort, hängen und betrieb dort zusammen mit ihrer Freundin Gabi das Gasthaus „Zum Rößle“. Dort haben wir uns kennengelernt.

Da ich ein wenig schwer von Begriff war, hat es allerdings einige Zeit gedauert, bis wir ein Paar wurden. Bereits an unserem ersten Abend teilte Heidi mir mit, dass sie wieder zurück in ihre Heimat will. Spontan sicherte ich ihr zu, dass ich mitkommen würde. Als mein damaliger Chef, Senator Henry Ehrenberg, Inhaber der Firma Neumo in Knittlingen, mich nach dem Grund meiner Kündigung fragte und ich ihm diesen mitteilte, bot er mir völlig überraschend an, in Australien für ihn zu arbeiten.

Meine Tätigkeit im Verkauf hatte mir immer großen Spaß gemacht, und natürlich sagte ich zu.

Am 23. Dezember 1994 ging es los, und am zweiten Weihnachtsfeiertag kamen wir in Australien an. Wir trafen Heidis Eltern und einige ihrer Freunde, unter anderem die Zwillinge Vicky und Michelle, die sie seit ihrer Studienzeit kannte.

Nach einer herzlichen Begrüßung fuhren wir mit Heidis Eltern zu ihrer Schwester nach Bendigo. Dort erwartete uns bereits ein verspätetes Weihnachtsbüffet bei ihrer Schwester Stephanie und ihrem Mann Tom sowie den Kindern Megan und Mitchell.

Bereits nach wenigen Tagen, vielleicht sogar Stunden, war ich Teil der Familie. Die ersten sechs Monate lang wohnten wir in einer Mietwohnung in einem nördlichen Vorort von Melbourne, ganz in der Nähe von Heidis Freunden – die für mich in diesem fremden Land zu dieser Zeit die einzigen Menschen waren, die ich kannte. Auch hier wurde ich herzlich aufgenommen. Bereits nach sechs Monaten wurde es mir in dieser großen Stadt jedoch zu eng.

Wir kauften uns ein Haus in Broadford, 100 Kilometer nördlich von Melbourne. Schnell lebten wir uns ein, Heidi und ihre Mutter dekorierten innerhalb kürzester Zeit unser Heim nach unserem Geschmack. Von Anfang an hatten wir viele Besucher, Heidis Familie, Freunde, bald auch Freunde von Freunden. Über die nächsten Sommer war unser Haus mehr Jugendherberge als Privatdomizil. Neue Bekanntschaften auch unter den Gästen wurden geschlossen.

Auch meine Eltern waren, zusammen mir meiner Patentante und ihrem Mann, einmal zu Gast. Bereits im ersten Sommer besuchte uns auch Gabi, die inzwischen mit Uwe Krauss aus Freudenstein verheiratet war.

Motorradfahren war immer noch meine Leidenschaft. Eines hatten Freunde von mir eingepackt und nach Australien geschickt. Auch Heidi wurde angesteckt, machte den Führerschein und kaufte sich schließlich eine Honda XR 250 fürs Gelände und bald darauf eine VFR 400 für die Straße. Dann lernten wir Geoff und seine Frau Debbie kennen, den Motorradhändler in Broadford, und über ihn Richard und Barbara. Die beiden waren nicht nur auf der Straße mit dem Motorrad unterwegs, sondern fuhren auch viel mit ihren Enduros durch den Wald.

Auch große Touren über mehrere Nächte unternahmen wir, teilweise mit Rucksäcken und Zelt. Auch Heidi war schnell begeistert, so konnte man viel mehr von der Natur sehen und sonst nur schwer zugängliche Stellen in den Bergen und Wäldern aufsuchen. Bald war die Garage voll: Straßenmotorräder, Geländemaschinen – und dazu eine kleine Werkstatt. Immer wieder fuhren wir ins Herz der Australischen Alpen, ins etwa 330 Kilometer nordöstlich von Melbourne gelegene Bright. Oft träumten wir davon, hier zu leben, sagten uns immer wieder den alten Satz vor: „Hier ziehen wir mal her, wenn wir in Rente gehen". 2001 waren wir zu meinem 39. Geburtstag wieder einmal in Bright. Eine Ausfahrt mit den Straßenmotorrädern. Als ich morgens aufwachte, sagte ich zu Heidi: „Warum warten bis zur Rente? Warum nicht jetzt?" Innerhalb der nächsten sechs Monate brachen wir unsere Zelte in Broadford ab und zogen nach Myrtleford. Dort beginnt diese Geschichte.

Havilah, 2003

Seit zwei Jahren wohnten Heidi und ich in Havilah im Nordosten des Bundesstaates Victoria. Hier haben wir uns 20 Kilometer vom nächsten größeren Ort, in Myrtleford, ein kleines Haus gekauft.

Nachdem wir nach Australien ausgewandert waren, wohnten wir zunächst sechs Jahre in der Nähe von Melbourne, wollten dann aber raus aus dem direkten Einzugsgebiet der Großstadt. Einige Wochen hat uns ein Makler vergeblich jede Menge Häuser gezeigt, keines davon war das richtige. Er hatte nichts mehr anzubieten außer einem, ziemlich außerhalb.

Am späten Nachmittag finden wir es. Seit einem Jahr unbewohnt und in desolatem Zustand. Das Grundstück ist mit Brombeeren überwuchert. Als wir in der einbrechenden Dämmerung auf der Terrasse stehen und den angrenzenden Bach rauschen hören, wissen wir: Hier werden wir leben. Auf der dreistündigen Rückfahrt sprechen wir darüber, wie unser neues Zuhause mit seinem wunderschönen Garten einmal aussehen wird.

Schon wenig später haben wir uns in Myrtleford ein kleines Motorrad- und Landmaschinen-Geschäft mit Werkstatt aufgebaut, das langsam in die Gänge kam und das unseren vollen Einsatz forderte. Haus und Garten mussten oft zurückstehen. Nur an den Wochenenden blieb Zeit für Renovierung und Botanik. Heidis Eltern kamen oft vom über 300 Kilometer entfernten Bendigo und haben viel geholfen. Freunde von uns,

Richard und Barbara samt ihren Söhnen Niklas und Daniel, gesellten sich an vielen Wochenenden dazu, um beim Entfernen der hartnäckigen Brombeerhecken zu helfen.

Neun Monate nachdem wir das Geschäft eröffnet hatten, brannte das Nachbargebäude der Doppelhaushälfte aus. Das Feuer bahnte sich über den Dachstuhl den Weg zu uns, wodurch Laden und Inventar beschädigt wurden, Waren und Motorräder im Wert von rund 30 000 Dollar. Es ergab sich die Gelegenheit, dass wir den bisher gemieteten Laden mit Werkstatt und Lager in diesem Zustand günstig erwerben konnten. Wir renovierten das Geschäft und planten, nach nebenan zu expandieren. Nach nur weniger als einem Jahr Selbstständigkeit war dies ein ziemlich großes finanzielles Risiko. Aber Miete habe ich noch nie gerne bezahlt. Wir kauften die beiden Gewerbebauten.

Ende des Jahres erkrankte Heidis Mutter. Weihnachten im Krankenhaus sind nicht wirklich besinnliche Tage. Im Januar sollte sie 70 Jahre alt werden. Wir planten ein großes Fest, da wir alle wussten, dass dies ihr letzter Geburtstag sein würde.

Schon Tage davor reisten Verwandte und Bekannte bei ihr in Bendigo an. Uns war das leider nicht möglich, da unsere Gegend gerade einmal mehr von einem Waldbrand heimgesucht wurde. Heidi blieb von der Arbeit zu Hause, um glühende Blätter und kleine Äste, die laufend auf unserem Grundstück landeten, sofort zu löschen.

Donnerstagabends fuhr sie dann alleine nach Bendigo, um Zeit mit ihren Eltern und den Verwandten zu verbringen.

Tags darauf sah ich das orangene Glühen des Feuers über den Hügeln vor unserem Haus. Unser Nachbar John Treloar stand mit seinem Sohn in seinem Garten und betrachtete die bedrohliche Szenerie voller Sorge. Wir beschlossen, mit dem Geländewagen auf die Kammlinie zu fahren, um mehr sehen zu können. Der Mount Buffalo auf der anderen Seite des Tals stand bereits in hellen Flammen. Das Feuer, angefacht von starken Winden, raste mit großer Geschwindigkeit das Tal hinauf. Entsetzt betrachteten wir das zerstörerische Schauspiel der Natur. Ich erzählte John, dass Heidi in Bendigo sei. Er sagte mir, dass er übers Wochenende zu Hause sei und ein Auge auf unser Haus haben könne.

Also fuhr ich Samstagnachmittag ebenfalls nach Bendigo, um Geburtstag zu feiern. Sonntags, am frühen Abend, machten wir uns auf den Weg nach Hause. Wir wussten nicht wirklich, was uns dort erwarten würde, aber kurz nach meiner Abreise hatte sich der Wind sowohl gelegt als auch gedreht.

Die Monate danach fuhren wir, so oft es ging, nach Bendigo. Mitte Mai hatten wir Gewissheit, dass Mutter nicht mehr lang zu leben hatte. Heidi fuhr sonntags wieder hinauf, um sie zu besuchen. Mitte der Woche rief sie an und teilte mir mit, dass sie nicht gleich wieder nach Hause kommen könne. Donnerstagabend wieder ein Anruf. Freitagmorgen klärte ich auf dem Weg noch ein paar Dinge in der Firma und machte mich ebenfalls auf den Weg nach Bendigo.

Ich war der Letzte der Familie, der eintraf. Alle saßen auf der Terrasse. Heidis Schwester mit Mann und Kindern, Heidis Cousin Fred mit seiner Frau Alison, die schon seit Wochen da war und Heidis Mutter gepflegt hat. Cousine Heidi mit Klaus aus Sydney. Nach einer kurzen Begrüßung ging ich zu Heidis Mutter ins Zimmer. Obwohl ich gewarnt wurde, erschrak ich über ihren geschwächten Zustand. Ich setzte mich zu ihr und nahm ihre Hand in meine. Ich saß da und redete mit ihr, obwohl sie zu schlafen schien. Sie schlug die Augen auf und ich bemerkte, dass sie wusste, dass ich da war. Ich konnte ganz leicht fühlen, wie sie meine Hand drückte, und versuchte zu sprechen. Ich glaube, sie fragte nach ihrem Mann George. Ich drückte sanft ihre Hand und ging zurück auf die Terrasse. Ohne dass ich etwas sagte, erhob sich George und ging ins Haus.

Wenige Minuten später kehrte er zurück. Ursula war gestorben. Wir saßen an diesem Abend noch lange zusammen und redeten über die schöne gemeinsame Zeit, die wir mit ihr verlebt hatten.

Montag machte ich mich auf den Heimweg. Mittwoch zurück zur Trauerfeier. Alle waren noch da. Und einige mehr. Im Anschluss gingen wir zu Heidis Schwester nach Hause. Viele Leute kamen vorbei. Es wurde ein sehr langer Abend.

Wir besuchten George oft in den kommenden Wochen und Monaten, Stefanie und Tom versorgten ihn jedoch gut. Wir hatten Bedenken, dass er in ein Loch fallen würde, aber unsere Sorgen waren nahezu unbegründet. Nach wenigen Wochen verbrachte er mit uns sogar ein Wochenende in Philipp Island und betätigte sich dort als Boxenhelfer an einem Renntag.

Jetzt ist es Anfang Oktober. Wir sitzen am Bach am unteren Ende unseres Grundstücks. Wir haben ein kleines Lagerfeuer gemacht. Mit einem Glas Wein in der Hand schauen wir ins Feuer. Wir sprechen über unseren Hund, den wir vor einer Woche einschläfern lassen mussten, dann über die Arbeit für nächste Woche. Wir machen Pläne für den Rest des Jahres.

Es ist Frühling in Australien. Das Geschäft läuft langsam wieder rund. Inzwischen haben wir sogar mehr Freizeit. Viel davon verbringen wir in unserem Garten. Aber auch für unser großes Hobby, Motorradfahren auf der Straße und im Gelände, finden wir wieder mehr Zeit. Für Mittwoch habe ich mir vorgenommen, mit zwei Freunden ins nächste Tal zu fahren. Als sie mich abholen, kann ich meine Lederklamotten nicht finden. Kurzerhand ziehe ich die Lederkombi und den Helm an, die ich normalerweise nur auf der Rennstrecke trage. Eine kurze Rast, ein Kaffee und ein kleines Mittagessen. Auf dem Heimweg noch schnell ein Stopp auf einem der grandiosen Aussichtspunkte, Tawonga Gap. Auf den Bergen in der Ferne kann man noch den letzten Schnee sehen. Dann geht es zurück zur Arbeit.

Alfred Hospital

Viele fremde Menschen, viele fremde Geräusche. Grelle Lichter, ist es Tag oder Nacht? Wo bin ich? Alpträume jagen mich. Auf dem Rücken liegend sind alles, was ich wahrnehme, die grellen Lichter ringsum. Warum fahre ich immer wieder durch diesen Tunnel?

Alle wollen mit mir reden. Warum kommen und gehen so viele Leute? Wieder werde ich wach und sehe noch mehr Leute um mich herum. Ich meine, dass ich sie kenne, kann aber nichts und niemanden wirklich einordnen. Es ist eine Traumschleife. Wann hört das endlich auf? Der eine Traum ist vorbei, der nächste fängt an. Diesmal sehe ich viele Freunde und Verwandte, immer nur für Minuten! Immer wieder nicke ich ein.

Ich versuche, Fragen zu stellen, auf mich aufmerksam zu machen. Aber all die Fragen bleiben unbeantwortet. Ich habe Durst und frage nach etwas zu trinken. Alle benehmen sich, als ob ich gar nicht da wäre. Ich sehe Heidis Vater, George, ihren Schwager Thomas. Aber alle sind sie weit weg.

Dann piept die Faxmaschine. Endlich. Ich bin bei der Arbeit. Keiner kümmert sich darum. Ich werde unruhig. Wo bin ich? Ich versuche, mich zu drehen, aber es geht nicht. Heidi steht direkt neben dem Piepen. All die Leute und keinen kümmert es, dass die Maschine andauernd piept. Träume ich wieder? Mein Schwager unterhält sich angeregt mit fremden Leuten. Was macht er hier? Er wohnt doch über 300 Kilometer von uns entfernt. Black out.

Wieder sehe ich viele Leute, am anderen Ende des Raums. Das müssen meine Arbeiter sein. Sie unterhalten sich. Haben sie nichts zu tun? Ich will rüber zu ihnen und sie auffordern, zurück an die Arbeit zu gehen. Warum fällt mir das so schwer? Plötzlich unvorstellbare Schmerzen. Ich wusste noch nicht, dass mein „Mitbewohner" nur Besuch hatte, dachte mir, die Leute da seien meine Arbeiter und die säßen da nur rum. Dass das Piepen des Faxapparates von jener Maschine stammt, die mir meine Schmerzmittel verabreichte, erschloss sich mir nicht. Ich verspüre unsagbaren Durst. Warum gibt mir keiner etwas zu trinken. Ich will fragen, will mich bemerkbar machen ... so viele Leute und keiner nimmt Notiz von mir.

Dann sehe ich Amanda. Ich weiß, sie liebt die Formel 1. Ich erinnere mich, dass Michael Schumacher gerade Weltmeister geworden ist. Sie und Heidi erzählen mir später, dass das erste Wort, das ich gekrächzt habe, „Schumacher" war. Amanda hat darauf nur abgewinkt und gesagt: „Der wird schon wieder".

Immer wieder sehe ich nur Lichter, unter denen ich durchrase. Und danach diese Schmerzen. Wann werde ich endlich aufwachen und Heidi liegt neben mir und der Traum ist zu Ende?

Dann wieder eine Wachstrecke, ich liege auf einer Matratze in einem weißen Raum auf dem Boden. Neben mir Heidi. Auf einmal fühle ich mich geborgen, will mich verständlich machen und schlafe erschöpft wieder ein. Als ich aufwache, bin ich wieder allein in dem weißen Raum.

Viel Licht, ganz alleine. Wo bin ich, wieder ein Alptraum?

Heidi kommt wieder, legt sich zu mir. Ich sage ihren Namen und schaue sie an. Mit brüchiger Stimme sagt sie mir, dass ich im „The Alfred"-Krankenhaus in Melbourne liege. Einen Motorradunfall hätte ich gehabt. Sie beginnt zu weinen und drückt mich vorsichtig.

Als ich das nächste Mal aufwache, weiß ich wieder nicht, wo ich bin. Neben mir sitzt eine Frau auf einem Stuhl. Sie kann mich hören. Ich frage nach Heidi, bestehe darauf, dass ich mit ihr telefonieren will. Sie sagt, es sei mitten in der Nacht.

Heidi kommt. Ich spreche sie an, sie lächelt, beugt sich zu mir, sitzt neben der Matratze auf den Boden und streichelt mein Haar.

Dann kommen wieder viele Leute, aber niemand, den ich kenne. Viele Fragen werden mir gestellt, deren Sinn ich nicht verstehe. Ob ich Schmerzen hier oder dort habe. Träume ich wieder? Warum stellen sie mir solche Fragen? Warum kann ich gar nichts fühlen? Warum nehme ich alles so verschwommen wahr?

Heidi ist wieder da. Einige Leute helfen ihr, mich auf einen Krankenstuhl zu legen. Der sieht aus wie eine Sonnenliege auf einem Gestell mit Rädern. Endlich liege ich nicht mehr auf dem Boden, bin auf Augenhöhe mit den Personen um mich herum. Ich fühle mich einiges klarer. Weiß, dass ich im Krankenhaus bin, aber wo?

Warum kann ich mich nicht bewegen? Träume ich wieder?

Heidi sagt mir, sie habe die Erlaubnis, mich in dem Stuhl herumzufahren. Immer wieder streichelt sie zärtlich mein Gesicht. Ich sage ihr, ich will nach draußen.

Sie schiebt mich durch Flure zu einem Aufzug. Als sich die Tür öffnet, habe ich einen herrlichen Blick auf zahllose Segelyachten. Endlich frische Luft: Ich fühle mich besser. Ich bemerke, dass ich nicht träume. Ich kann reden und Fragen stellen und Heidi hört mir zu und antwortet.

Immer wieder frage ich die gleichen Dinge, ich höre ihre Antworten, aber sie kommen irgendwie nicht in meinem Gehirn an. Auch sie stellt viele Fragen. Sie fragt mich, was ich sehe. Ich sage ihr, all die bunten Segel der Yachten ganz weit weg und im Dunst des Meeres.

Ich wundere mich, wie es gelang, in den Fahrstuhl des Krankenhauses einzusteigen und Sekunden später an einem Yachthafen anzukommen.

Sie sagt mir, wir seien auf der Dachterrasse des Krankenhauses und was ich sehe, seien die Hochhäuser der Stadt.

Endlich kann ich fragen, was los ist mit mir, warum ich mich nicht bewegen kann.

Ich sehe, dass mein rechtes Bein im Gips ist. Ich frage Heidi, was da los ist, und sie sagt mir, dass ich einige Knochen in meinem Fuß gebrochen habe.

„Warum?“, frage ich, und sie erklärt mir, ich sei vom Motorrad gefallen und unter ein entgegenkommendes Auto gerutscht. Vor 13 Tagen.

Wir genießen die Zeit auf der Terrasse. Heidi ist oft den Tränen nahe und ich versichere ihr, dass es nur ein Beinbruch ist und ich bestimmt ab nächster Woche wieder im Betrieb bin und Schreibtischarbeiten erledigen kann.

Dann bin ich furchtbar müde und frage Heidi, ob wir jetzt nach Hause gehen können. Sie schiebt mich zurück in mein Zimmer, man hilft ihr, mich aus meinem Stuhl zu heben und mich wieder auf den Boden zu legen.

Sie legt sich zu mir und erschöpft schlafe ich ein.

Heidi teilt mir mit, dass ich am nächsten Tag verlegt werde.

Ich denke: Alles ist gut. Der Traum ist beendet. Wenn ich aufwache, ist alles vorbei und ich fahre nach Hause. Ich weiß wieder nicht, wo ich bin, und Heidi sagt mir, ich werde in eine Rehaklinik verlegt.

Heidis Tagebuch

Das Folgende stammt aus Heidis Tagebuch. Ich habe es Wort für Wort übernommen. Eine Krankenschwester auf der Intensivstation hat ihr zugeredet, als sie an meinem Bett saß, ihre Gedanken festzuhalten. Sie hat dies alles für mich aufgeschrieben. Sechs Jahre nach dem Unfall hat sie es mir das erste Mal gezeigt. Es war mir damals nicht möglich, mehr als die ersten Seiten zu lesen. Heute lese ich ihre Aufzeichnungen zum ersten Mal ganz und schreibe ihre Worte hier nieder.

15. Oktober 2003

Edgar ist nun seit 24 Stunden im Alfred-Hospital auf der Intensivstation, sein Zustand ist kritisch, aber stabil. – Gestern hattest du einen Motorradunfall. Einen Frontalzusammenstoß mit einem Auto. Details sind noch nicht bekannt. Tom Harper (Heidis Schwager, der bei der Polizei arbeitet) bemüht sich gerade, etwas mehr herauszufinden.

Gleich nachdem ich von deinem Unfall erfahren habe, fuhr mich Robin nach Hause. Benommen habe ich eine Tasche mit Kleidung für dich gepackt. Ich habe meine Schwester Stephanie angerufen (sie arbeitet in der Notrufzentrale der Krankenwagen), um ihr mitzuteilen, was passiert ist. Zu dieser Zeit wusste ich noch überhaupt nichts über deinen Zustand. Niemand wusste irgendwas. Kurz darauf hat Stephanie zurückgerufen.

Sie hatte einige wenige Information über ihre Arbeit herausgefunden. Du wurdest gegen 15 Uhr mit dem Rettungshubschrauber abgeholt. Vor dem Transport musstest du stabilisiert werden. Ich wurde von deinem Doktor, Timothy, informiert, dass du vor dem Flug reanimiert wurdest. Es musste einiges getan werden, damit du den Transport überleben würdest.

Stephanie sagte mir, welche Verletzungen du hast, und ich beruhigte mich ein wenig. Ich wusste zu dem Zeitpunkt nicht, was ich jetzt weiß, ansonsten wäre ich nicht in der Lage gewesen, selbst zu Richard und Barbara nach Broadford zu fahren, von wo aus ich im Krankenhaus anrief.

Das Krankenhaus teilte mir nur mit, dass du gerade in den OP geschoben wirst. Richard fuhr unser Auto von Broadford zu Vicky und Michelle, ich folgte mit Barbara in deren Auto. Von da fuhren wir alle zusammen zum The Alfred.

Wir trafen gegen 20.30 Uhr dort ein. Wir warteten kurz an der Rezeption und wurden dann zur Intensivstation begleitet, wo wir gegen 22 Uhr einen Bericht erhalten sollten.

Krankenschwester Rowena informierte uns über deine Sammlung an gebrochenen Knochen, aber über nicht viel mehr. Wir warteten alle zusammen. Öfter gingen wir raus, um uns im Zigarettenqualm zu beruhigen. Einmal blieben Richard und Barbara oben. Während dieser Zeit kam eine andere Krankenschwester und gab ihnen detailliertere Informationen. Sie sagte, dass es sehr ernst sei und dass du wahrscheinlich die Nacht nicht überlebst. Als ich zurückkam, zögerten sie. Ich müsse mich auf das Schlimmste gefasst machen. Ich begann zu begreifen, dass es keinen Grund zur Beruhigung gab.

Früher am Tag

Das erste Mal, dass ich fühlte, dass etwas nicht stimmte, war, als ich am Telefon mit einem Kunden sprach und ein Notarztwagen mit Sirene und Blaulicht an mir vorbeifuhr. Ich bekam ein komisches Gefühl im Bauch und mir wurde übel. Ich sagte zu dem Kunden: „Edgar hatte einen Unfall. Ich weiß es." Er erwiderte, dass es irgendjemand sein könnte. Dann kam eine Frau in den Laden, die etwas bestellt hatte. Während ich die Sachen holte, kam ein Rettungssanitäter herein. Ich wurde fast ohnmächtig, als ich ihn sah. Ich dachte, er wolle mir sagen, dass du in einen Unfall verwickelt warst. Aber er wollte nur ein paar Dinge in unserem Erste-Hilfe-Schrank auffüllen, die bei der letzten Prüfung fehlten. Aber ich wusste einfach, dass etwas Schlimmes passiert war. Von da an konnte ich nicht mehr richtig arbeiten. Nach einer Weile kam Robyn und ich fragte sie, ob sie mich ins Krankenhaus fahren würde, falls etwas mit Dir passiert sei.

Plötzlich fuhr Gerard vor den Laden vor. Ich ging hinaus. Er lief auf mich zu und schüttelte den Kopf. Er sagte mir, dass du einen Unfall hattest, er weiß nicht, wie es passiert sei, aber du seist mit einem Auto zusammengeprallt und es sähe nicht gut aus. Er wusste, dass du mit einem Rettungshubschrauber zum Alfred-Krankenhaus geflogen wurdest.

16. Oktober 2003

Michelle hat mich bis in die Innenstadt mitgenommen. Von dort bin ich mit der Straßenbahn zum Krankenhaus gefahren. Etwa um 10 Uhr war ich dort. Krankenschwester Amy informiert mich darüber, was in der Nacht los war. Keine große Veränderung, seit ich gestern Nacht das Hospital verlassen habe. Sie haben die Betäubungsmittel ein wenig zurückgenommen, damit dein Schlaf nicht mehr so tief ist, sie wollen aber nicht, dass du aufwachst, weil du am Samstag operiert werden sollst.

Immer wieder kommt ein Doktor oder eine Schwester und rufen deinen Namen, öffnen deine Augen. Nach drei oder vier

Malen blinzelst du, wenn sie dich rufen. Aber nur für eine Sekunde. Ich weiß nicht, ob du etwas sehen kannst.

Ich gehe mir einen Kaffee holen. Als ich zurückkomme, lässt man mich nicht in dein Zimmer, da man dich auf die Seite drehen will. Man braucht drei Leute, um das zu tun, und es passt dir überhaupt nicht; du versuchst, dich zu wehren. Ich war gestern dabei, als das gemacht wurde. Dabei hast du deine Augen ganz weit aufgerissen, aber keinen Ton von dir gegeben.

Sie haben jetzt die Beatmungsmaschine heruntergeschaltet, sie unterstützt dein Atmen jetzt nur noch. Das meiste machst du selbst, aber immer wieder vergisst du wohl, Luft zu holen, und die Maschine setzt ihre Arbeit mit einem beunruhigenden Piepen fort. Du hast etwa zehn bis dreizehn Atemzüge pro Minute, aber manchmal geht es runter auf sieben. Ich sage dir, du sollst weiteratmen. Du tust es.

Während ich im Wartezimmer sitze, kann ich deine Verletzungen aufschreiben. Ich fang oben an: gebrochenes Schlüsselbein (gleiche Seite, an der du es schon mal gebrochen hattest), gebrochene Schulterblätter (beide), gebrochene Rippen, beide Seiten, auch die oberste, die eigentlich nur sehr schwer zu brechen ist. Die Lungen sind durchbohrt. Blutende Verletzungen dort am Herzen. Gebrochenes Becken, rechts mit einer offenen Wunde mit starkem Blutverlust. Gebrochene linke Hand (wie schon einmal), ebenfalls der kleine Finger. Rechter Fuß gebrochen mit Kompartmentsyndrom, starke Schwellungen, sodass die Durchblutung unterbrochen war. Der Fuß musste sofort an zwei Stellen aufgeschnitten werden, um den Druck zu entfernen. Gebrochene Zehen am rechten Fuß. Prellungen an Armen, Beinen und Hüfte.

Deine Hand und die Schultern wurden geröntgt, in Vorbereitung auf die Operation. Ich wurde hinausgeschickt, während man dich dafür vorbereitete. Sie haben alle Schläuche und Luftschläuche abgezogen und an einen fahrbaren Ständer angeschlossen. Zusammen mit dir in deinem Bett wird alles weggeschoben. Das alles dauert ziemlich lange und so gehe ich nach unten, um etwas zu essen zu kaufen. Judith kam auf einen Sprung. Sie hatte einen Termin in Melbourne. Kurz darauf auch Vicky.

Wir mussten draußen warten.

Ich hab' mir langsam Sorgen gemacht, warum das alles so lange dauert. Ich fand dann heraus, dass man vergessen hatte, uns zu rufen und zu sagen, dass alles fertig ist. Warum denkt man immer gleich an das Schlimmste?

Heute hat ein Lieferant von uns einen großen Blumenstrauß vorbeigebracht. Vicky hat ihn mit nach Hause genommen, da du keine Blumen im Zimmer haben darfst. Später am Tag hat man dich gewaschen. Deine Krankenschwester heute ist Amy und sie bevorzugt es, dass ich den Raum verlasse, während sie dich wäscht. Ich ging mit Vicky runter in die Cafeteria, um einen Kaffee zu trinken. Kurz darauf kam Michelle.

Als wir zurückkamen, teilte Amy uns mit, dass es nun sicher ist, dass du keine Wirbelsäulenverletzung hast. Was für eine Erleichterung, das endlich zu wissen. Jetzt warten wir darauf zu erfahren, was mit dem Gehirn ist. Die Betäubung wurde abgeschaltet. Das wurde gemacht, teilte uns der Oberarzt mit, weil er denkt, dass du dazu bereit bist. Das Morphin wurde auf ein Milligramm reduziert. Amy hat gerade versucht, dich aufzuwecken. Sie reibt hart auf deinem Brustkorb und schreit dich an: „Edgar, öffne deine Augen!"

Und du öffnest sie.

Deine Reaktionen sind nicht gut. Sie schiebt einen Kugelschreiber unter deine Fingernägel. Du sollst eine Hand zurückziehen, was du aber nicht machst. *Early days yet.* Später am Abend scheinst du mehr wahrzunehmen, du stöhnst, aber du bewegst nur deinen linken Arm und dein linkes Bein.

Der Schlauch in deiner Kehle ist festgemacht, aber instinktiv versuchst du, ihn herauszuziehen. Wieder bewegst du deinen linken Arm.

Letzte Nacht habe ich bei Barbara und Richard übernachtet. Früh am Morgen sind wir nach Myrtleford aufgebrochen. Ich habe dir ein paar frische Kleider gepackt und bin dann ins Geschäft. Auf dem Weg nach Hause habe ich Richard am Geschäft abgesetzt; bis ich zurückkomme, hat er bereits ein Motorrad verkauft. Der Laden war aufgeräumt und sauber und alles war so weit in Ordnung. Robyn und Matt Clarke waren da und auch Stuart.

Um 14 Uhr brachen wir wieder auf nach Melbourne. Gegen 19 Uhr sind wir im Krankenhaus eingetroffen. Ich sprach dort mit einem Traumatologen und mit einem Neurochirurgen Sie haben mir gesagt, dass du ein *confusing patient*, ein verwirrender Patient, seist. Wenn die rechte Hirnhälfte beschädigt ist, funktioniert normalerweise die linke Seite nicht mehr, aber bei dir ist es die rechte Seite, die nicht funktioniert. Man hat dein Betäubungsmittel, das dich ruhigstellt, reduziert und sie geben dir wieder mehr Morphin gegen die Schmerzen. Jetzt registrierst du, dass wir da sind, und bewegst deinen Kopf. Es geht aufwärts.

19. Oktober 2003

Man wird dich heute Nacht wieder operieren, am Becken. Die Beckenschale auf der rechten Seite ist gebrochen. Man will eine Metallschiene mit Löchern einschrauben. Außerdem wollen sie ein paar Gehirntests machen.

Sonntagmorgen. Tut mir leid, habe gestern nicht viel geschrieben. Fahrt nach Hause, Kleider wechseln, Firma. Wie gesagt, du wurdest am Becken operiert, ebenfalls am Fuß. Sie haben die Drainage an deinem Fuß entfernt und einen Druckverband angebracht, die Wunde am Becken wieder gereinigt und sind mit dem Ganzen sehr zufrieden. Ein Doktor sagte mir, dass du alle ihre Befehle ausführst, wenn es die linke Seite betrifft. Ich hoffe, mit der Zeit wird deine rechte Seite auch besser. Du warst fast den ganzen Tag wach. Man hat dir etwas für die Verdauung gegeben. Während ich draußen war, hast du nach Sam (unserem Mechaniker) gefragt, erzählte mir die Krankenschwester, als ich zurückkomme. Als ich dann bei dir sitze, fragst du nach Ken, einem unserer anderen Arbeiter. Ich habe dir versichert, dass alles in Ordnung ist.

Heute hast du einige Male gelächelt. Meine Schwester Stephanie und ihr Mann Tom waren hier, um dich zu besuchen. Michelle und ihre Mutter Marie waren auch da. Als du sie gesehen hast, sah ich, wie du deine Lippen bewegt hast, um „Hallo Marie“ zu sagen. Ich habe den ganzen Tag neben dir gesessen, habe dein Haar und deinen Arm gestreichelt. Ich fühle mich jetzt ein bisschen besser, da du Zeichen eines Fortschrittes zeigst. Ich will immer hier sein, wenn du aufwachst, um dir zu versichern, dass alles gut ist.

Alle sind nach Hause gegangen. Ich sitze an deinem Bett. Man hat dich umgedreht, was sehr schmerzhaft für dich zu sein scheint. Barbara und Richard werden später kommen. Sie kommen jeden Abend, besuchen dich und setzen mich auf dem Heimweg bei Vicky und Michelle ab, wo ich übernachte. Barbara kommt meistens nicht mit hoch, um dich zu sehen. Zu viel für sie nach dem, was sie mir am ersten Tag sagen musste.

Letzte Nacht hast du wieder gefragt, „Wo ist Ken?“ (der Mechaniker), und wurdest recht aufgeregt. Ich habe versucht, dich zu beruhigen, und habe dir versichert, dass alles in Ordnung ist. Aber du hast versucht, dich aufzusetzen, und der Beatmungsschlauch löste sich. Das war beängstigend.

21. Oktober 2003

Letzte Nacht hab' ich mal wieder kaum geschlafen. Ich kann es nicht ertragen, dich mit solchen Schmerzen zu sehen. Michelle hat mich heute zum Krankenhaus gefahren und kam hoch mit mir zu deinem Zimmer. Du warst wach und scheinst heute mehr wahrzunehmen und bist nicht mehr so aufgebracht. Ich habe beschlossen, dass ich heute etwas ruhiger sein werde. Ich streichle deine Stirn und dein Haar, was du anscheinend magst. Ich will dir helfen, wo immer ich kann, aber ich fühle mich so hilflos.

Vicky kam zum Mittag. Und ihr Bruder und seine Freundin haben uns allen ein paar Sandwichs zum Mittagessen gebracht. Ich habe bei dir gesessen, bis man dich fertig gemacht hat, um dich zu einem weiteren MRT zu bringen.

Sie müssen alle Schlauch-Verbindungsstücke aus Metall, mit denen du angeschlossen bist, entfernen und sie mit Plastik ersetzen. Das neue Beatmungsventil ist aus Gummi und es hört sich an wie Schnarchen. Und dann war da noch eine andere Maschine, die sich anhört wie Vogelgezwitscher. Ich kann sehen, wie all die neuen Geräusche dich beunruhigen. Man gibt dir etwas, um dich zu beruhigen; es wirkt sehr schnell. Dann hab ich dich erst wieder gegen 7 Uhr am Abend gesehen. Michelle kam vorbei, aber du scheinst aufgebracht, und so geht wie gleich wieder und wartet draußen. Ich habe Barbara und Richard angerufen und ihnen gesagt, sie sollen nicht kommen, da Michelle da ist und mich mitnimmt.

Ich bin bis 20.30 Uhr bei dir geblieben und hoffte, ein Doktor würde kommen und mir die Ergebnisse des MRT mitteilen. Aber es tauchte niemand auf. Als ich am nächsten Morgen ins Krankenhaus komme, sagt mir Amy, die Krankenschwester, dass du sie gestern Nacht gebeten habest, mich anzurufen und mir mitzuteilen, dass es dir gut geht.

Über die Ergebnisse des MRT weiß ich immer noch nichts. Gegen 11 Uhr bringt man dich weg, um dich am Schlüsselbein und an deiner Hand zu operieren. Kurz danach kam meine Schwester Stephanie. Während wir warteten, teilte uns ein Doktor die Resultate des MRT mit. Ein weiterer Experte müsse die Aufnahmen noch mal analysieren, da man immer noch nicht mit Sicherheit sagen könne, warum dein rechter Arm gelähmt ist. Dies könne einige Gründe haben: die Schwellungen in deinem Gehirn, zerstörte Nerven in deiner Schulter oder Nerven in deinem Rückgrat. Man müsse weitere Tests machen. Also noch länger warten, bis wir Genaueres wissen. Das Warten ist schlimm. Ich bin aber sicher, dass du dich erholst. Auch wenn es nicht 100 Prozent sind, bin ich froh, dass ich dich noch habe. Ich sage dir immer wieder, dass du stark sein musst. Auch ich versuche, stark zu sein. All das Warten und die Ungewissheit, wie es weitergeht, machen mir Angst. Und dann ist da noch die Firma.

22. Oktober 2003

Tag acht. Man hat dich verlegt. Die neuen Krankenschwestern Amanda und Fiona sind sehr nett. Sie haben mich heute Morgen angerufen. Du wolltest mit mir sprechen. Es scheint, als ob du starke Schmerzen hattest. Michelle hat mich zum Krankenhaus gefahren und kam kurz mit rein. Ich versuche, stark zu sein und nicht zu weinen, um dir Kraft zu geben. Ich fühle mich so hilflos. Jedes Mal, wenn du einschläfst, wirst du geweckt. Entweder von einem Bettnachbarn oder von einem Doktor. Vicky kam vorbei, aber da musstest du zu einer CT-Untersuchung an deinem Magen. Wegen deiner starken Schmerzen wurde lange darüber diskutiert, ob man sie machen soll. Man hat dir eine große Dosis Morphin verpasst und dich weggefahren. Vicky hat Sandwichs mitgebracht und wir gehen in den Garten, um sie zu essen. Während wir da waren, kam Tom vorbei und ich ging mit ihm hoch, um dich zu sehen. Nur ganz kurz, denn du warst müde und hattest immer noch starke Schmerzen. Auf einmal sind auch viel mehr Leute um dich herum. Krankenschwestern, Doktoren, ein Physiotherapeut, außerdem ein Ernährungs- und ein Schmerzexperte. Nach ein paar Stunden scheint es, dass sie eine Balance zwischen Schmerzen und Morphin gefunden haben. Jemand sagt, dass du jetzt essen und trinken kannst. Das Erste, was ich tue, ist loszugehen und dir eine Flasche Cola zu kaufen. *„Get me a coke"* war eines der ersten Dinge, die du gesagt hast. Du nimmst nur ein paar kleine Schlucke. Es wird wieder ein langer Tag werden. Michelle kommt vorbei. Du hast starke Schmerzen und mit dem Cocktail an Drogen beginnst du zu halluzinieren. Alles, was du willst, ist: nach Hause gehen. Du sagst mir, ich soll das Auto holen, damit wir losfahren können. Zu Hause wird ein Doktor auf Abruf sein, falls es Probleme geben sollte, und alle werden wissen, dass du zu Hause in Havilah bist.

Später sagst du, dass wir auf dem Heimweg am Casino halten könnten, und während Michelle und ich reingehen, wirst du im Auto warten. Das ist recht ungewöhnlich, da wir beide noch nie irgendwas gespielt haben, nicht mal Lotto.

Ich war bis 20.15 Uhr im Krankenhaus. Habe auf Richard und Barbara gewartet. Die Kommunikation hat nicht funktioniert, da die Batterie an meinem Telefon leer war. Ich hab sie um fünf Minuten verpasst.

Heute Morgen, als ich ins Alfred Hospital kam, warst du nicht in deinem Zimmer. Man hat dich ins Zimmer daneben verlegt. Du warst böse, der Schlauch an deiner Nase war herausgerissen. Die Visite war bereits beendet, als ich eintraf. Du hast wieder große Schmerzen, nicht so schlimm wie gestern, es scheint, als ob sie die Morphindosis im Griff haben. Du bist sehr schläfrig. Mein Vater kam mit dem Zug aus Bendigo und saß lange bei dir, sodass ich ab und zu raus konnte.

24. Oktober 2003

Heute war ein harter Tag. Ich kam um 9.30 Uhr und erfuhr, dass man dich schon wieder verlegt hatte. Gestern Nacht hast du versucht, dich aus dem Bett zu ziehen. Das, obwohl du beide Schulterblätter, die linke Hand und das Becken gebrochen hast. Deine rechte Seite ist gelähmt. Das Bett hatte hohe Gitter. Wie kann das sein? Danach hattest du Muskelzittern und spastische Anfälle an deinen Armen und Beinen. Du hast starke Schmerzen, ich kann es an deinem Gesicht ablesen. Es tut so weh, das zu sehen.

Zehn Tage sind jetzt vergangen, und du hast große Fortschritte gemacht. Aber ich bin heute am Ende, diese anstrengenden Tage holen mich ein. Ich habe mit einem Doktor und einer Sozialarbeiterin gesprochen. Sie haben mir Prospekte über Reha-Kliniken gegeben. Beide in Melbourne. Es gibt so viel nachzudenken und zu entscheiden. Ich habe mir den ganzen Tag Sorgen gemacht, dass du wieder aus dem Bett kletterst, und erst jetzt sehe ich bewusst, wie hoch die Gitter sind. Man hat dir eine andere Matratze gegeben. Sie hat eine Kuhle, geformt wie ein U. Das soll dich daran hindern, wieder herauszuklettern. Es ist ebenfalls möglich, dass man es in der Höhe verstellen kann, sodass es nur noch 40 Zentimeter bis zum Boden sind.

Die Doktoren sprechen jetzt von Gehirnschaden.

Deine Verwirrtheit nennen sie posttraumatische Amnesie und keiner kann mir sagen, wann es besser wird oder ob es überhaupt besser wird. Man hat mir eine Broschüre gegeben. Je länger du in diesem Zustand bleibst, steht darin, je länger du verwirrt bist, nicht weißt, wo du bist, kein Zeitgefühl hast, desto länger wird deine Erholung dauern. Es ist schwer zu entscheiden, was zu tun ist. Ich mache mir auch Gedanken um die Firma. Soll ich verkaufen? Ich kann solch eine Entscheidung nicht treffen und will das Thema nicht aufbringen. Ich versuche, nicht daran zu denken.

Am nächsten Morgen bin ich um 9.30 Uhr im Krankenhaus. Du liegst auf dem Boden neben dem Bett, aus dem du angeblich nicht herausklettern konntest. Man hat dich auf eine dünne Matratze gelegt. Und es war eine Krankenschwester bei dir, um auf dich aufzupassen. Du hast eine kleine Platzwunde an der Stirn, Schrammen im Gesicht und an der Nase sowie ein blaues Auge. Als du nach dem Unfall hier eingeliefert wurdest, hattest du zumindest keine Schramme im Gesicht, und jetzt siehst du aus, als wärest du in einem Boxkampf gewesen. Du willst unbedingt hier weg und bist dir nicht darüber bewusst, warum du hier bist. Keiner hielt es für möglich, dass du in deinem Zustand über die hohen Gitter steigen könntest. Jetzt liegst du hier auf dem Boden und hast schwarze Polster um dich herum, damit du dich nicht wieder selber verletzt. Ich lege mich neben dich und schlafe fast ein. Es ist jetzt schwieriger, dich zu füttern, auf dem Boden, und kein Bett, an dem die Rückenlehne verstellbar ist, um deinen Kopf anzuheben. Du hast nicht viel zu Mittag gegessen, aber immerhin das ganze Abendessen, sogar den Nachtisch. Deine Stimme ist sehr kratzig und schwach; wenn du daran denkst, dich zu räuspern, kommt sie fast zurück, aber nicht für allzu lange.

Epworth Hospital

29. Oktober 2003

Am Abend dachte ich noch, ich komm' nach Hause. Ich erinnere mich, dass Heidi mir sagte, dass ich verlegt werde. Als ich aufwache, sitzt eine Krankenschwester neben mir. Ich sage ihr, sie solle Heidi anrufen. Sie sagt mir, es sei mitten in der Nacht. Ich versuche, mit ihr zu diskutieren, bin aber zu schwach. Denke mir, wo bin ich überhaupt, träume ich nur? Es muss ein Traum sein. Ich werde festgehalten, kann mich nicht bewegen. Ich will aufstehen, aber so sehr ich es auch versuche, es gelingt mir nicht. Erschöpft schlafe ich wieder ein.

Heidi ist da, als ich aufwache. Ich habe alles vergessen, was sie mir gestern gesagt hat. Wieder teilt sie mir mit, dass ich in ein anderes Krankenhaus verlegt werde. Ich denke, ich komm heim, aber sie sagt mir, dass ich in Melbourne bin, wiederholt alles, was sie mir gestern bereits mitgeteilt hat.

Dann werde ich von meiner Matratze auf dem Boden auf ein Bett gelegt, das man gerade in mein Zimmer gefahren hat. Auf einmal sind viele Leute um mich herum, was mir gar nicht gefällt. Fremde Gesichter, Heidi ist auf einmal nicht mehr da. Wieder weiß ich nicht, wo ich bin. Wieder fährt man mich auf dem Rücken liegend auf einem Krankenbett durch hell erleuchtete Korridore. Ich habe überhaupt keine Orientierung. Dann in eine Garage mit einem Krankenwagen. Ich sehe nichts, versuche herauszufinden, wo ich bin. Im Krankenwagen. Irgendwohin. Ich habe keine Orientierung, werde sehr ungeduldig.

Dasselbe am anderen Ende. Garage. Durch Flure mit vielen Menschen und am Ende nimmt man das Krankenbett wieder unter mir weg und legt mich auf den Boden. Zum Glück ist Heidi bereits da und wartet auf mich.

Ich bin völlig erschöpft. Heidi legt sich neben mich und ich schlafe schnell ein.

Am nächsten Tag frage ich Heidi, wer nach der Firma sieht, und sie beruhigt mich, es sei bald Wochenende und bis dahin würde einer der Angestellten nach allem sehen.

Viele Leute kommen und gehen und ich beantworte ihre vielen Fragen.

Ich will von Heidi wissen, warum wegen ein paar gebrochener Knochen im Fuß solch ein Aufwand gemacht wird. Sie sagt mir, da gebe es noch weitere Verletzungen.

Sie dreht meinen Kopf und ich kann sehen, dass meine linke Hand dick verbunden ist.

Auch da seien ein paar Knochen gebrochen, und man musste das Ganze mit Draht zusammenhalten, erzählt sie mir.

Eine junge Dame kommt ins Zimmer und stellt sich vor als Natalie und sagt, sie sei meine Physiotherapeutin.

Sie teilt mir mit, dass ich, wenn ich gut an mir und mit ihr zusammenarbeite, mit viel harter Arbeit bis Ostern wieder laufen kann. Es ist Ende Oktober, ich glaube immer noch, ich habe nur ein paar Knochen in meinem Fuß gebrochen und meine linke Hand ein bisschen lädiert. Warum soll so was bis Ostern dauern?

Natalie sagt: „Du kannst mich beschimpfen, beleidigen, alles Mögliche heißen, das alles macht mir nichts aus, aber wenn du aufgibst, verschwende ich meine Zeit und lass dich liegen."

Immer noch im Unklaren, wie es um mich steht, antworte ich stoisch: „An Weihnachten lauf ich hier raus, verlass dich drauf, ob du mir hilfst oder nicht." Sie lächelt und verlässt das Zimmer. Ich frage Heidi, wie lange es noch bis Weihnachten ist, wundere mich abermals, warum das so lange dauern sollte wegen einem gebrochenen Fuß. Lächerlich. Heidi streichelt mir übers Haar. Ich fühle mich geborgen und schlafe zufrieden ein.

Schließlich noch ein Besuch. Sie stellt sich vor als meine Psychologin. Bin ich behämmert? Warum brauche ich eine Psychologin?

Ich bin erschöpft und bekomme gerade noch mit, dass sie sagt, ich könne sie jederzeit über die Krankenschwester erreichen. Dann falle ich wieder in einen Schlaf.

Als ich erwache, liegt Heidi noch immer neben mir. Sie schläft. Es kommt mir vor, als wären es Jahre, seit ich aufgewacht. Ich möchte sie umarmen, aber nichts bewegt sich. Was ist los mit mir, tausend Leute, alle wollen was für mich tun und stellen Fragen. Wo bin ich? Warum liege ich auf dem Boden? Wieder grelle Lichter an der Decke, denen ich nicht entfliehen kann.

Als ich am nächsten Tag aufwache, wird alles ein wenig klarer. Ich verstehe, ich hatte einen Motorradunfall, ich realisiere, ich bin 350 Kilometer von zu Hause weg und hab' mir ein paar Knochen gebrochen. Ich sehe, dass ich noch im gleichen Zimmer bin, in dem ich eingeschlafen bin, was mich etwas beruhigt.

Natalie kommt und bewegt meine Beine und Arme. Warum? Kann ich doch selber, aber danach bin ich zu erschöpft, um es selber zu probieren, und schlafe ein. Als ich aufwache, ist Heidi wieder da.

Sie erklärt mir, dass ich mich ernsthaft verletzt hätte.

Klaus ist dabei, ein Freund aus Deutschland. Ich erinnere mich, dass er zu Besuch kommen wollte. Warum ist er jetzt schon in Australien, er wollte doch erst später kommen. Wir haben ihm ein Motorrad besorgt und er will für ein paar Wochen durchs Land reisen.

Wir unterhalten uns kurz und er fragt mich, wie es geht. Ich sag ihm, ich hätte den Fuß gebrochen, aber sonst sei das Ganze nicht so schlimm. Ich sage ihm, dass ich bald wieder auf den Beinen bin und dass wir, sobald ich wieder zu Hause bin, eine Motorradausfahrt zusammen machen werden.

Dann bringt Heidi ein Telefon und hält es mir ans Ohr. Zuerst meine Mutter aus Deutschland. Fragt mich, wie es geht. Klar, gut, gar nicht so schlimm, ein paar Knochen im Fuß gebrochen, Hand ein bisschen verletzt, aber sonst alles prima. Dann werde ich weitergereicht an den Vater. Tränen fließen, sage ich: Hab mal wieder Mist gebaut, wird wohl ein paar Tage dauern, bis ich alles wieder richten kann. Hänge auf und umarme Heidi, die inzwischen wieder neben mir liegt auf der Matratze auf dem Boden. Einige andere Leute, die ich kenne, besuchen mich. Ich weiß nicht, in welchem Zeitraum, immer wieder schlafe ich ein. Wenn ich aufwache und mir klar wird, dass ich immer noch im gleichen Zimmer bin, ist es etwas beruhigend und ein Gefühl der Geborgenheit stellt sich ein. Ich liege da, warte, bis Heidi kommt, und schlafe viel.

Wenn Krankenschwestern kommen, um nach mir zu sehen oder um mich zu füttern, wundere ich mich nicht mehr, warum, und ich weiß, dass ich im Krankenhaus in Melbourne bin.

Natalie kommt öfter und bewegt meine Beine. Heute ist das unangenehm. Scheint, als ob sie es weiß, aber sich nichts daraus macht. Sie konzentriert sich auf ihre Arbeit und die Unterhaltung beschränkt sich auf ein Minimum.

Heute bin ich klarer mit meinen Gedanken und versuche zu analysieren, was mit meinem Körper los ist. Die Krankenschwester bringt etwas zu essen und Heidi füttert mich. Ab und zu hält sie einen Becher mit Deckel und Strohhalm an meinen Mund und ich trinke gierig. Auf die Frage, warum ich das nicht selber machen kann, komm ich gar nicht.

Wie habe ich mich in den letzten Tagen ernährt? Wer hat mich gefüttert?

Ich kann mich erinnern, dass mir zwischen den Träumen mal jemand Orangensaft gegeben hat.

Frage bei Heidi nach, die das bestätigt, aber sagt, das sei bereits vorige Woche gewesen.

Ich will mehr trinken, frage Heidi nach dem Becher und mache mir Gedanken, warum ich nicht selbst danach greife. Ich schaue meine rechte Hand an; sie liegt nur leblos da. Ich starre sie an, aber nichts bewegt sich. Heidi erklärt mir unter Tränen, dass meine rechte Seite aufgrund von Gehirnverletzungen gelähmt ist.

Ich versuche, sie zu beruhigen, und sage mit einem Lächeln zu ihr, dass das schon wieder wird.

Da mein rechtes Bein eingegipst ist, denke ich gar nicht darüber nach, dass da ja auch nichts geht, bin überzeugt, dass wenn der Gips wegkommt, ich einfach wieder loslaufen kann und aus dem Krankenhaus herausmarschiere.

Heidi frage ich, warum mich der Klaus bereits besucht hat, ich dachte der würde erst in zwei Wochen kommen. Sie sagt mir, dass ich die letzten beiden Wochen „verpasst" habe.

Natalie kommt schon wieder, bewegt Beine und Arme, wechselt ein paar Worte mit Heidi und wünscht uns dann ein schönes Wochenende.

So kühl, das kann ja heiter werden.

Heidi sagt mir, es sei Freitag und etwas mehr als zwei Wochen seien seit meinem Unfall vergangen.

1. November 2003

Heidi ist schon früh da, sie erzählt mir, dass sie bereits seit zwei Wochen bei Freunden, Vicky und Michelle, wohnt. Die beiden leben in einem nördlichen Vorort von Melbourne. Seit dem Unfall hat eine der beiden sie immer zum Krankenhaus gefahren. Abends kamen dann Richard und Barbara, haben sie abgeholt und auf dem Nachhauseweg wieder bei den beiden abgeliefert.

Ich weiß jetzt, wo ich bin, und begreife, dass ich nicht aufstehen kann. Das Risiko, dass ich wieder probiere, aus dem Bett zu kommen, ist nicht mehr vorhanden, und ich bekomme ein Bett. Das macht das Essen einfacher, da Heidi nicht auf den Boden sitzen muss, um mich zu füttern. Die Rückenlehne kann hochgestellt werden und ich liege nicht mehr flach. Endlich kann ich mehr sehen als nur die Decke und die Neonleuchten. Außerdem bringt man mir einen Knopf an einem Kabel, damit ich läuten kann, falls ich etwas brauche. An der eingegipsten linken Hand schauen die Finger raus und mit etwas Übung gelingt es mir, wenn auch unter starken Schmerzen, diesen Knopf zu drücken.

Sonntag sagt mir Heidi, dass sie abends nach Hause fahren, nach der Firma sehen und die Woche über arbeiten wird. Wir verabschieden uns und ich sage zu ihr, dass ich hart an mir arbeiten werde, damit ich schnellstens hier rauskomme.

Woche 4

Die Krankenschwester kommt und füttert mir meinen Frühstücksbrei. Ich fühle mich wieder ein bisschen verloren. Unvertraute Umgebung, fremde Menschen und ich muss mich füttern lassen.

Natalie kommt und streckt meine Muskeln, wir haben eine kurze Unterhaltung.

Die Psychologin kommt wieder, deren Namen ich genauso wie den von Natalie wieder vergessen habe. Sie teilt mir drei Wörter mit, die ich mir merken soll. Was soll das denn, denke ich mir. Alles ist so kühl und sachlich.

Ich vermisse Heidis Nähe. Sie kommt erst am Wochenende wieder. Ich liege hier rum mit einem gebrochenen Fuß und sie hat die ganze Firma am Hals. Nachdenklich döse ich wieder ein.

Kein Wunder, kommt es mir vor, dass alles so sachlich ist. Ich kann ja nicht mal ein Gespräch anfangen. Da ich mir die Namen der Leute nicht merken kann, glaube ich, die denken bestimmt, ich bin ein arroganter Mensch und immer auf Abstand.

Mittags kommt die Psychologin erneut und fragt mich nach den drei Wörtern, die ich mir merken sollte. Natürlich weiß ich die nicht mehr. Ich hab ja nicht mal richtig zugehört, als sie diese mir sagte, denke ich mir.

Sie setzt sich zu mir und sagt, ich soll sie wissen lassen, falls ich sie sehen will.

Ich frage natürlich, warum das der Fall sein sollte. Sie sagt mir, einfach wenn ich mal nicht so gut drauf bin und jemanden zum Reden brauche. Ziemlich sicher würde ich Depressionen bekommen.

Ich lache laut auf. Sie ist Mitte 20, über 1,80 Meter groß, und davon sind bestimmt die Hälfte Beine, gut gekleidet, gar nicht krankenhausmäßig. Auf jeden Fall nehme ich sie nicht ernst und erwidere: „Also hör mal zu, Mädel, ich bin jetzt etwas über 40, bin selbstständig, habe noch nie irgendjemanden um irgendwas gebeten, immer gemacht, was ich wollte, und das, was ich ins Auge gefasst habe, auch immer durchgezogen. War fast immer alleine im Urlaub und hab mich in fremden Ländern auch alleine durchgeschlagen. Was denken Sie, wie Sie mir helfen können?"

Sie sagt mir wieder drei Worte, die ich mir merken soll, und verabschiedet sich mit einem mitleidigen Lächeln und einem frohen „bis bald".

Kurz darauf kommt Vicky, um mich zu füttern. Ich bin sehr dankbar, es macht doch einen großen Unterschied, ob eine fremde Person mich füttert oder jemand, den ich kenne. Nach dem Essen werde ich immer sehr nachdenklich, weil mir währenddessen bewusst wird, wie wenig ich eigentlich machen kann. Hinten an der Zimmertür hängt eine Schreibtafel und

Stifte sind auch da. Ich bitte Vicky, die drei Worte, die ich mir merken soll, auf die Tafel zu schreiben, denke mir, das Mädel (die Psychologin) krieg ich schon ausgetrickst. Ich muss mir ja irgendwas einfallen lassen, damit ich hier schnell abhauen kann.

Warum kapieren die Leute nicht, dass alles mit mir stimmt, und wollen mich unter dem Vorwand, dass ich verletzt sei, hier festhalten? Denen werde ich zeigen, dass es mir gut geht. Bißchen Gips und Drähte in der Hand und die machen so ein Theater.

Kurz nach dem Mittagessen kommt Natalie, die Physiotherapeutin. Sie hat einen Rollstuhl dabei und fragt mich, ob sie nur Dehnübungen machen soll oder ob ich bereit sei für etwas mehr.

Klar bin ich bereit für mehr, erwidere ich.

Sie ruft eine Krankenschwester und die beiden setzen mich in einen Rollstuhl. Sie schiebt mich aus dem Zimmer. Zum ersten Mal sehe ich etwas aus leicht sitzender Perspektive. Durch die Station fährt sie mich raus auf die Straße. Frische Luft, blauer Himmel. Fußgängerampel, wir überqueren die Straße und sie schiebt mich in ein großes altes Gebäude. Ein schönes altes Haus, hohe Decken mit großen Räumen.

Überall stehen Behandlungstische, sie fährt zu einem der Tische und ruft einen Kollegen, um mir aus dem Rollstuhl zu helfen. Da sitze ich. Schon das ist erschöpfend. Natalie kommt und bewegt meinen rechten Arm und fragt, ob ich diese Bewegung unterstützen kann.

Höllische Schmerzen, keine Unterstützung von mir, die sie registrieren kann. Wir arbeiten etwa 15 Minuten daran, dann bin ich erschöpft und sie sagt mir, das sei genug für heute.

Der Patientenbegleiter vom Hol- und Bringedienst fährt mich zurück zu meinem Zimmer.

Ich schlafe sofort ein.

Gegen 16 Uhr kommt die Psychologin wieder und fragt nach den Worten und ob alles in Ordnung ist.

Hase, Mauer, Auto. Lese ich von der Tafel, die direkt in meiner Blickrichtung hängt.

Sie sieht mich erstaunt an und verlässt das Zimmer.

Abends kommt wieder Michelle und füttert mir meinen Brei.

Inzwischen werde ich zwei Mal täglich abgeholt und über die Straße zur Reha gebracht. Zwischen den Anwendungen bin ich meistens so erschöpft, dass ich sofort einschlafe.

Am Donnerstag wache ich auf und habe Durst. Der Knopf, mit dem man die Krankenschwester ruft, ist runtergefallen.

Hilflos liege ich da, sehe auf der Fensterbank die ganzen Genesungskarten, die man mir geschickt hat und die ich bisher kaum beachtet habe. Ich bin noch nicht mal in der Lage, mein Bett zum Sitzen zu verstellen. Was kann ich tun, frag ich mich. Ich schmeiß mit dem Bein, das eingegipst ist, die Decke vom Bett und schau auf meinen Fuß im Gips, die andere Hand verbunden und ein paar Drähte schauen raus, die Finger und am Rande das Orange des Desinfizierungsmittels. Ich starre meinen rechten Arm an und will ihm befehlen, sich zu bewegen, dann realisiere ich, dass ich mich nicht mal alleine umdrehen kann.

Jetzt wird mir kalt. Ich kann die Decke neben dem Bett liegen sehen. Ich kann nichts tun. Meine Augen werden wässrig, eine Mischung von Frust und Zorn bildet sich in meinem Gehirn, ich fange an zu weinen. Ich weiß nicht, wie lange ich so daliege. Die Krankenschwester kommt mit meinem Brei.

Ich bitte sie, mich alleine zu lassen. Die Psychologin kommt, auch sie schicke ich weg.

Mittagessen, Brei, jetzt wird mir's zu viel, verstehen die denn nicht, dass ich alleine sein will und sie mir nicht helfen können? Wenn ich es nicht hinbekomme, wie können die es schaffen?

Da fällt mir ein, ich habe heute Morgen mit der ganzen Weinerei meine Physiostunde verpasst, da ich den Patientenbegleiter ebenfalls weggeschickt habe. Jetzt nur noch Zorn und immer noch Tränen. Endlich kommt er mit dem Rollstuhl. Seit einer Stunde arbeite ich daran, meiner Traurigkeit Herr zu werden und habe es die letzten zehn Minuten auch langsam unter Kontrolle. Ich sehe den Rollstuhl und muss warten, bis ich hineingesetzt werde. Es fängt schon wieder an. Ich kann die Weinerei nicht kontrollieren. Der Begleiter fragt, ob ich nicht doch lieber im Bett bleiben will. Zornig erwidere ich, dass er seine Arbeit machen soll.

Ich bin immer noch völlig aufgelöst, als er mich durch die Station an all den Leuten vorbeischiebt, die ich durch den Schleier meiner Tränen wahrnehme. Mir war bisher nicht aufgefallen, wie lang der Weg von meinem Zimmer durch die ganze Station bis zur anderen Seite der Straße ins Reha-Gebäude ist.

Man setzt mich auf die Trage und justiert die Rückenlehne so, dass ich ein bisschen sitze.

Natalie kommt und beginnt, meine Muskeln aufzuwärmen.

Meinen Zustand ignoriert sie. Ich sitze da und bin nur am Weinen.

Auf geht's, hilf mir, deinen Arm zu bewegen, befiehlt sie.

Und als ich so auf meinen Arm schaue, hebt der sich ganz leicht von der Trage nach oben und begibt sich nicht mehr in eine Fötusposition, sobald ich was machen will.

Fast eine Stunde arbeiten wir daran und am Ende kann ich das Ding ganz von alleine fast zehn Zentimeter kontrolliert bewegen. Als ich dann jedoch müde werde und mich anstrenge, geht die Hand nur Richtung Schulter. Der Arm verkrampft sich und es versteift sich alles. Dann muss ich den anderen Arm nehmen, um diesen rechten Arm wieder in eine gestreckte Position zu bringen. Als ich zurück ins Zimmer komme, wartet die Psychologin.

Wir unterhalten uns kurz. Ich sage ihr, dass nach meinem kleinen Erfolgserlebnis wieder alles in Ordnung ist.

Wir verabreden, dass wir uns ab Montag regelmäßig sehen. Während der Physio-Stunde habe ich entschieden, dass ich alle

Hilfe, die mir angeboten wird, annehmen werde, auch wenn ich nicht verstehe, warum ich das brauchen sollte.

Dann kommt die Krankenschwester mit einem Stück Papier und teilt mir mit, dass ich ab morgen feste Nahrung bekommen werde.

Sie hat schon mal den Speiseplan mitgebracht, damit ich mir aussuchen kann, was ich will.

Sie bringt mein Bett in Sitzstellung, schiebt den kleinen Tisch vor meinen Bauch und legt das „Menü" drauf.

Selbstgefällig lehne ich mich zurück. Heute Morgen noch zu Tode betrübt, jetzt aufgrund der Bewegung und der Freude auf festes Essen über allen Wolken.

Was ich nicht weiß, ist, dass diese Stimmungsschwankungen zwischen himmelhoch jauchzend und zu Tode betrübt innerhalb von 15 Minuten, wenn auch in abgeschwächter Form, auch Jahre später noch auftreten werden.

Aber für den Moment bin ich zufrieden.

Ich schau auf den Essensplan. Aber alles, was ich sehe, sind viele Buchstaben, die keinen Sinn ergeben.

Ich kann gerade mal ein Wort lesen und dann finde ich das nächste Wort nicht.

Um meine Stimmung nicht zu ruinieren, ignoriere ich diesen Umstand. Als die Krankenschwester schließlich kommt und fragt, was sie ankreuzen soll, sage ich ihr, ich hätte vergessen, was es gibt, und sie solle es mir bitte noch mal vorlesen.

Also, Freitag, Frühstück, keinen Brei, sondern erst mal Früchte, dazu Pfannkuchen mit Sirup. Danach Eier mit Speck.

Abends kommt wieder Vicky, wieder fuhr sie quer durch die Stadt, um mich zu füttern.

Sie sagt mir, dass sie beim Hereinkommen zur Stationsschwester ins Büro musste. Sie wurde gefragt, ob sie die drei Worte auf meine Tafel geschrieben habe; das dürfe sie nicht tun, da dieses Merken wichtig dafür ist, meine posttraumatische Amnesie einzuschätzen. Oh Mann, die haben gemerkt, dass ich bescheißen wollte, denke ich mir. Bestimmt bleib ich deswegen jetzt noch länger hier eingesperrt – ich glaube ja noch immer, dass ich Ende nächster Woche hier raus kann.

Freitagmorgen, 7. November

Ich wache früh auf und kann es kaum erwarten, bis das Frühstück kommt. Die Tür geht auf und eine asiatische Krankenschwester, die ich schon bei ihrem ersten Erscheinen ins Herz geschlossen habe, bringt ein Tablett mit einem Riesendeckel drauf.

Nicht nur festes Frühstück, sondern auch noch gefüttert werden mit Herzlichkeit. Sie nennt mich immer Mr. Edgar.

Mit den Worten „Mr. Edgar, sieh mal, was ich für dich habe" stellt sie das Tablett vor mich und nimmt den Deckel ab. Mir läuft das Wasser im Munde zusammen. Sie bringt die Kissen hinter meinem Rücken in Stellung, sorgt dafür, dass ich auch bequem sitze, und füttert mir ein Stück Obst auf Pfannkuchen. Da fängt es an, in ihrer Tasche zu läuten. Sie schaut zur Tür, über der drei Leuchten hängen, und einige davon blinken. Weg ist sie, bevor ich etwas sagen kann.

Jetzt sitz ich hier, das Frühstück direkt vor mir, in Schräglage nach hinten, etwa 33 Grad. Die linke Hand dick verbunden. Die rechte Hand versuche ich zu bewegen. Sofort, als ich mich anstrenge, klappt der Arm nach hinten, Hand auf der Schulter (das ist sie, die Fötusstellung). Ich probiere, mich nach vorn zu beugen, selbst mit dem Risiko, dass ich mit dem Gesicht im Teller lande. Geht nicht, beim Unfall wurden ja alle Bauchmuskeln abgetrennt. Auch den Knopf, um zu läuten, kann ich nicht erreichen, den hat sie beiseitegelegt, damit ich Platz habe zu frühstücken. Also sitze ich da und starre auf die erste feste Nahrung seit Wochen, während die kalt wird. So sitze ich da, bis nach etwa einer Stunde der Patientenbegleiter kommt, um mich für die morgendliche Physio abzuholen. Er sieht mein Frühstück vor mir stehen und schaut mich fragend an. Er fragt mich, ob er mir das Frühstück füttern soll, was ich ablehne. Ich sag ihm, ich will nicht schon wieder die Physio verpassen. Er hebt mich in den Rollstuhl und wir fahren los. Auf dem Weg durch die Station sehen wir die Krankenschwester, sie hebt mit Entsetzen die Hände vor den Mund, kommt auf uns zu und entschuldigt sich, aber ich habe nur einen eisigen Blick für sie.

Endlich Freitagabend. Heidi kommt, kurz nachdem ich mit dem Abendessen fertig bin. Das Erste, was sie sagt, ist, dass die Krankenschwester ihr im Vorbeilaufen sagte, „Mr. Edgar not happy today", und fragt mich, was denn los war. Dann gibt es erst mal einen Tadel, dass ich mich besser benehmen soll. Ich sage ihr, dass es mir leid tue, aber sie antwortet, dass es nichts hilft, wenn ich ihr das sage und nicht der Schwester.

Am nächsten Tag kommt Heidi bereits am Morgen. Nachdem sie mir das Mittagessen gefüttert hat, hilft sie mir in den Rollstuhl. Nach einer Woche Training kann ich genug mithelfen, dass wir keine andere Hilfe mehr brauchen. Heidi fährt mich eine Runde durch das ganze Krankenhaus, damit ich meine Umgebung sehe. Dann raus auf die Straße zum Physio-Gebäude. Ich bin dauernd am Erzählen, was ich die ganze Woche gemacht habe, aber immer nur die positiven Dinge.

Daneben ist ein kleiner Park mit ein paar Bänken. Ein herrlicher australischer Frühlingstag.

Wir plaudern und ich frage nach der Firma, aber sie sagt nur, es sei alles in Ordnung. Sie lobt mich, dass ich in dieser Woche große Fortschritte gemacht habe, und ich versichere ihr, dass ich bald nach Hause kommen und wieder zur Arbeit gehen werde. Sie schiebt mich noch ein wenig herum und ich sage zu ihr, dass mein Bein und Arm auf der rechten Seite Gefühl bekommen, es sich aber so anfühlt, als ob ein ganz enger Gummischlauch darübergezogen wurde. Sie erwidert, dass das wohl immer so bleiben wird.

Natürlich denke ich anders, aber ich bin zu müde, um etwas zu entgegnen.

Sonntags kommt Heidi natürlich wieder und auch sonst sind viele Besucher da. Da es regnet, können wir nicht in den Park, sondern gehen in die Cafeteria des Krankenhauses. Viele Leute, die ein- und ausgehen. Die Hintergrundgeräusche machen mich ganz aufgeregt. Bereits nach kurzer Zeit höre ich nur noch die und nicht mehr, was meine Besucher sagen. Es wird lauter und lauter, zumindest empfinde ich es so, und die ganze Umgebung wird größer. Ich fühle mich, als ob ich in einer Glaskugel sitze und gar nicht anwesend bin. Wenn ich angesprochen werde, ist es, als ob ich gerade aus einem Traum erwache. Ich sitze nur da und starre vor mich hin. Auch das wird in abgeschwächter Form bleiben. Heidi bringt mich auf mein Zimmer und wir verabschieden uns bereits vor meinem Abendessen. Sie hat noch einen langen Weg nach Hause und ich möchte nicht, dass sie sieht, dass ich traurig werde, nicht so sehr, weil sie geht, wir waren ja schon oft arbeitsbedingt für lange Zeit getrennt, sondern weil ich nicht mit ihr gehen kann. Ich habe das Gefühl, ich habe sie im Stich gelassen, sie hat die ganze Arbeit und ich liege nur rum. Ich fühle mich elend; appetitlos lasse ich mir mein Abendessen füttern, liege anschließend da und starre an die Decke. Mehr Besucher kommen, obwohl es bereits nach 18 Uhr ist. Helen und Graham, Kunden von uns aus Bright, das etwa 40 Kilometer von Myrtleford entfernt ist. Durch den Besuch bin ich erst mal von meinen Gedanken abgelenkt. Es wird später und später und wir sind am Reden; endlich mal was anderes als mein Zustand. Es ist bereits nach 21 Uhr, als ich frage, ob sie nicht besser heimfahren, es sind bis zu ihnen ja immerhin 360 Kilometer. Graham sagt mir, dass Helen, als sie kurz raus war, ein Hotel für die Nacht gebucht hat. Bereits kurz nachdem sie eingetroffen waren, hat sie festgestellt, dass ich gar nicht gut drauf bin, und beschlossen, dass sie mich in diesem Zustand nicht alleine lassen will. Bis nach 22 Uhr bleiben die beiden und nachdem wir uns verabschiedet haben, schlafe ich sofort ein.

Am nächsten Tag bin ich entsprechend müde und tue mich bei der Physio recht schwer; aber ich bin guter Dinge. Ich kann sehen, dass ich täglich kleine Fortschritte mache. Danach holt mich die Psychologin für unsere verabredete Sitzung in der Physioabteilung ab. Ich erzähle ihr, dass ich am vorigen Abend wieder recht down war, der überraschende Besuch von Helen und Graham mich jedoch aufgeheitert hat. Sie bietet mir an, dass ich Antidepressiva bekommen kann, was ich ohne lange nachzudenken strikt ablehne.

In Gesellschaft

Woche fünf. Man teilt mir mit, dass meine posttraumatische Amnesie vorüber ist. Ich werde in ein Dreibettzimmer verlegt. Ein Mann, etwa zehn Jahre älter als ich, liegt mir gegenüber; ein sehr junger neben mir am Fenster. Man denkt, es tut mir gut, Gesellschaft zu haben. Ich konzentriere mich auf meine Therapie. Dazwischen ruhen, jetzt sind auch noch Sprechtherapie und Ergotherapie dazugekommen, die zwischen den Physio-Stunden eingeplant sind.

Freitagnachmittag kommt Heidi. Sie ist froh darüber, dass ich nicht mehr alleine in einem Zimmer bin. Auch sie meint, es würde mich ein bisschen ablenken und die Depressionen würden nicht so oft kommen, wenn ich Gesellschaft habe. Wir sind fast das ganze Wochenende unterwegs: Krankenhaus, Cafeteria, im Park. Und das Krankenhaus hat zwei Terrassen, die sehr schön gestaltet sind; wir sind zumeist die Einzigen, die diesen Bereich nutzen. Ich frage sie, was die Firma macht, bekomme aber nicht viel aus ihr heraus. Ich freue mich immer aufs Wochenende, um sie zu sehen, habe aber auch ein schlechtes Gewissen, da sie jeden Freitag die vielen Kilometer nach Melbourne fährt und Sonntagabend wieder zurück. Die ganze Woche arbeitet sie in unserer Firma und wenn sie abends nach Hause kommt, ist niemand für sie da. Und auch Essen muss sie selber machen. Und alleine essen. An die ganze andere Hausarbeit denke ich gar nicht. Sonntag nimmt sie meine Wäsche mit und bringt sie am darauffolgenden Freitag wieder.

Fünf Wochen seit dem Unfall, morgen soll ich zurück ins Alfred gebracht werden, um die Drähte in meiner Hand zu entfernen. Ich hatte schon mal welche in der Hand, um einen gebrochenen Knochen zu behandeln. Ich erinnere mich noch an die Schmerzen, als die Drähte entfernt wurden. Aber damals wurde das ambulant vorgenommen, da im Krankenhaus viel los war, im Wartezimmer. Ich denke mir, dass es im Alfred bestimmt nicht so schlimm wird. Und außerdem kann ich es kaum erwarten, dass ich die Hand wieder benutzen kann. Dieser Gedanke lässt sogar ein bisschen gute Laune aufkommen. Morgens ohne Frühstück geht es los. Alles ist bereit. Man fragt mich, ob ich eine Narkose will. Ich befürchte, dass mich das wieder um Tage in meiner Rehabilitation zurückwirft, und verneine. Also in den OP, die Klemmzange wird angesetzt, ich bin zu kraftlos, um meine Hand zu heben. Jemand kommt hinzu, hält meinen Arm, jetzt muss er auch noch das Bett halten, da der, der zieht, das ganze Bett verschiebt. Ganz langsam bewegt sich was. Schmerzen, als ob ein heißer Draht bis zum großen Zehen geht. Und raus, geschafft. Aber nein, sagt man mir, das war nur der kleine, da sind noch zwei drin. Das Nächste, was ich weiß: Ich liege alleine in einem Krankenzimmer und hänge am Tropf. Bekomme erst mal Panik. Was ist passiert? Geht alles wieder von vorne los? Ich schaue die Hand an, etwas geschwollen, verfärbt vom Desinfektionsmittel, ich versuche, die Finger zu bewegen, alles funktioniert. Die Krankenschwester kommt und sagt mir, ich sei während des Entfernens der Drähte ohnmächtig geworden. Der Tropf sei da, um mich zu stärken. Ich frage sie, ob ich bis zum nächsten Physio-Termin wieder im Epworth bin, was sie verneint. Ich komme gerade rechtzeitig zum Abendessen wieder zurück.

Bereits am nächsten Tag kann ich die Hand und die Finger der linken Hand, wenn auch unter Schmerzen, vollständig benutzen. Endlich kann ich aus einem Glas trinken und muss nicht mehr gefüttert werden. In der Physiotherapie arbeiten wir verstärkt an der rechten Hand. Wenn ich die Hand anschaue, kann ich sie inzwischen sogar heben und mit viel Anstrengung gelingt es mir, die Handfläche zu öffnen. Jede Bewegung der Finger strengt mich aber unheimlich an.

Der Mann im Bett gegenüber schaut meistens Fernsehen. Der neben mir hat fast den ganzen Tag Besuch von seiner Mutter. So viel zur Gesellschaft. Ist mir eigentlich auch lieber so.

Mittwoch kommt, wie inzwischen jeden Mittwoch, Heidis Vater George vorbei. Er fährt mit dem Zug von Bendigo bis nach Melbourne und dann mit der Straßenbahn durch die Stadt. Er bringt die Tageszeitung mit und erzählt mir, was es Neues gibt auf der Welt. Er lässt mir die Zeitung da und wenn er geht, nehme ich sie und versuche zu lesen. Wie beim Speiseplan kann ich alle Buchstaben sehen, aber sie ergeben kaum einen Sinn. Ich kann nicht auf der gleichen Seite bleiben, und am Ende der Spalte springe ich einfach in der nächsten weiter, anstatt eine Zeile tiefer fortzufahren. Ich schiebe es darauf, dass ich so schräg daliege und die Zeitung nicht richtig halten kann.

Wenn ich von meinen Therapien zurückkomme, bin ich müde. Überhaupt, eine Unterhaltung zu führen, fällt mir sehr schwer. Ich versuche ab und an eine anzufangen, aber über das Wetter geht sie dann doch nicht hinaus.

Mich irritieren die vielen Geräusche des Fernsehers gegenüber, die Unterhaltung und die Musik neben mir. Ich werde innerlich aggressiv, fresse es in mich hinein. Werde immer unruhiger. Bei den Therapien lässt meine Konzentration nach. All das wird mir zu diesem Zeitpunkt jedoch nicht bewusst.

Eines Abends kommt eine Krankenschwester mit dem Telefon. Es ist mein Freund Leo aus Deutschland. Ich setze *a brave face* auf, will cool sein, den Macker mimen und mache ein paar dumme Sprüche. Natürlich sage ich ihm, dass alles in Ordnung ist und dass ich in ein paar Wochen wieder zu Hause bin. Während wir reden, wird es immer lauter um mich herum. Die Kraft, selber lauter zu reden, habe ich nicht. Nachdem das Gespräch beendet ist, lege ich mich zurück und starre an die Decke. Ich habe meine Nachbarn schon einige Male gebeten, etwas ruhiger zu sein. Das hält jedoch nie lange an. Wieder kommt die Frustration, ein Gefühl, mit dem ich nicht zurechtkomme. Aber ich bin nicht in der Lage, etwas daran zu ändern. Um mich herum schaukelt sich das Ganze wieder hoch: Fernseher lauter, Unterhaltung lauter, und ich liege dazwischen und kann überhaupt nichts tun. In mir brodelt es. Tränen bilden sich, aus Zorn über meine Machtlosigkeit. Resignation schlägt wieder in Aggression über. Ich reiße die Decke von mir, hüpfe aus dem Bett, stolpere auf den Gang und schlage die Tür laut zu. In seinem Rollstuhl steht vor der Tür der junge Mann, der vor ein paar Tagen bei der Physiotherapie neben mir lag. Er trägt die Kopfhörer seines Walkmans und hat die Musik so laut, dass man es auf dem ganzen Flur hören kann. Er lächelt mich noch an, um mich zu grüßen, als ich auf ihn zustürze. Der Rollstuhl kippt und wir liegen beide auf dem Boden. Durch den ganzen Krach werden die Schwestern aufmerksam und finden mich, in Fötusstellung auf dem Boden liegend, auf dem Flur vor meinem Zimmer. Schluchzend liege ich da. Sie bringen mich zurück in mein Bett. Ich schlafe unter Tränen ein.

Am nächsten Morgen würde ich am liebsten im Boden versinken. Vor mich hinstarrend, esse ich mein Frühstück. Dauernd den Tränen nahe, schiebe ich das Essen in den Mund. Endlich kommt der Hol- und Bringedienst und fährt mich zum Therapiegebäude, doch statt zur Physio-Abteilung schiebt er mich zum Büro der Psychologin. Sie fragt mich, was los war, und ich erzähle ihr, was vorgefallen ist. Sie bohrt, um herauszufinden, wie es so weit kam. Dann erklärt sie mir, warum, und ich muss ihr in allen Punkten zustimmen. Sie sagt mir, wir müssen Wege finden, damit ich so was schon vorher bewusster wahrnehme und es dann lösen kann.

Als wir fertig sind, bitte ich sie, mich zu den Physio-Räumen zu bringen, die im unteren Stock des Gebäudes untergebracht sind. Natalie ist da. Mein Zeitfenster ist bereits abgelaufen, aber sie schiebt mich rein und betreut mich gemeinsam mit einem anderen Patienten.

Ich werde immer ärgerlich mit mir selber, wenn ich eine Physio verpasse, denn ich denke mir, mit jedem verpassten Termin muss ich länger im Krankenhaus bleiben. Oder ist es die Gesellschaft von Natalie, die ich dann vermisse? Sie motiviert mich immer wieder. Wir arbeiten zusammen und ich habe das Gefühl, dass ich etwas tue. Wenn sie die Fortschritte, die ich mache, herausstellt, habe ich ein Bestätigungsgefühl. Ich bin zu etwas nutze, ich denke, dass alles gut wird. Das hält die Depressionen zurück.

Als ich zurückgebracht werde, bringt man mich wieder in ein Einzelzimmer. Nachmittags geht es im normalen Rhythmus mit Physiotherapie weiter. Natalie fragt mich, ob ich mich nach meinem fehlgeschlagenen Gehversuch am Abend in der Lage fühle, einmal zu probieren, ob ich stehen kann. Natürlich bin ich bereit.

Sie holt ein paar Werkzeuge und entfernt mir den Gips am rechten Bein. Während sie das tut, erklärt sie mir, dass ich nicht zu viel erwarten soll und dass sie sich mit der Psychologin unterhalten hat. Die habe ihr gesagt, dass es gut sein könne, dass ich nach dem Zwischenfall gestern Abend wieder deprimiert sein werde, wenn es nicht so klappt, wie ich mir das vorstelle. Ich sage ihr voller Selbstbewusstsein, dass ich gestern ja bereits den ersten erfolgreichen Versuch hatte.

Langsam schneidet sie durch den Verband. Sie entfernt die Gipsschiene und verzieht plötzlich fast schmerzverzerrt das Gesicht. Sekunden später kann auch ich es riechen. Sie holt eine Schüssel Wasser und wäscht mir den Fuß, während sie ihn leicht massiert. Ich sehe auf dem Rücken meines Fußes zwei lange Narben. Ich frage sie, ob sie weiß, was da passiert ist. Sie holt meine Akte und fängt an, darin zu blättern. Dann teilt sie mir mit, dass die Brüche im Fuß sehr kompliziert waren. Aufgrund dessen ist der Fuß bereits an der Unfallstelle stark angeschwollen und durch diese starke Schwellung wurde die Blutzirkulation unterbrochen. So haben die Sanitäter sofort zwei lange Schnitte machen müssen, um die Schwellung zu stoppen. Als Natalie fertig ist, ermutigt sie mich, ich könne jetzt versuchen aufzustehen, solle mir aber nicht zu viel erhoffen. Es sei ja nicht nur der gebrochene Fuß schuld daran, dass ich nicht laufen könne, sondern vor allem das Hirntrauma.

Ich kann aus eigener Kraft stehen. Zum ersten Mal seit sechs Wochen. Natalie stellt mich auf einen Holzkeil, der etwa zehn Grad Schräge hat, um meine Wadenmuskeln zu strecken. So werden unsere Zusammenkünfte in den nächsten Wochen immer beginnen, der Winkel wird größer, die Zeit länger, die Schmerzen weniger.

Natalie kommt und stützt mich. Mit ihrer Hilfe gehe ich die drei Schritte vom Holzkeil zur Behandlungsliege zurück. Das geht nur sehr langsam. Ich muss auf meinen rechten Fuß sehen, um ihn nach vorne zu bewegen. Wir versuchen, einen Fuß vor den anderen zu setzen, und ich kann tatsächlich bereits beim ersten Versuch die drei Schritte tun, um die Liege zu erreichen.

Erschöpft und zufrieden werde ich zurück zu meinem Zimmer gebracht.

Natalie organisiert, dass am nächsten Morgen ein Podologe kommt und einen Abdruck macht, um Einlagen für meine Schuhe anzufertigen. Das ist aufgrund des Beckenbruchs und der gebrochenen Knochen im Fuß nötig, damit ich die Balance halten kann.

Freitagnachmittag treffen sie ein. Heidi hat mir inzwischen Schuhe mitgebracht und ich versuche, mehrere Schritte zu gehen. Tatsächlich schaffe ich es, den Raum aus eigener Kraft zu durchqueren. Bestimmt sechs Meter habe ich zurückgelegt, umdrehen geht aber nur mit Natalies Hilfe. Noch mal die gleiche Strecke. Erschöpft erreiche ich die Liege.

Als ich nachmittags wieder zur Physiotherapie gebracht werde, hat Natalie am anderen Ende des Raums eine Videokamera aufgebaut. Auf die soll ich jetzt zulaufen, die ganze Länge des Raums, nicht mehr von einer Wand zur anderen. Natalie filmt das Ganze, gerade so wie stolze Eltern die ersten Schritte ihres Kindes aufnehmen.

Gegen Abend kommt Heidi, wie immer freitags. Als sie eintrifft, bin ich noch in der Behandlung. Sie wundert sich, warum ich verlegt wurde, und unterhält sich mit der Stationsschwester. Als ich zurückkomme, vermeide ich das Thema, zumal gerade das Abendessen serviert wird. Ich berichte ihr enthusiastisch von meinen Fortschritten. Den Zwischenfall erwähne ich nicht. Wie sich herausstellen wird, wurde Heidi von den Krankenschwestern ohnehin bereits davon unterrichtet.

Es ist Wochenende. Da ist leider nur eine kurze Physio-Behandlung möglich. Aber dafür ist Heidi da. Ich bin immer ganz positiv, wenn sie mich besucht, fröhlich und zuversichtlich und versuche, sie aufzumuntern. Sie ist erschöpft, kaum ein Lachen, das ich so liebe. Oft nur ein mitleidiges Lächeln, da sie sich meiner, unserer Situation mehr bewusst ist als ich.

Nach dem Mittagessen am Sonntag fragt sie mich, ob ich nicht hungrig bin oder das Essen nicht mag. „Doch, war sehr gut, aber die Portionen sind hier so klein.“ Sie deutet auf die linke Seite des Tabletts, wo noch jede Menge Essen ist. Wie immer übergehe ich den Vorfall und esse den Rest der Mahlzeit, die noch auf dem Teller war. Danach gehen wir spazieren. Heidi schiebt mich durchs Krankenhaus zu unserem Park. Inzwischen kann ich selber vom Bett in den Rollstuhl klettern und mich mithilfe von Haltevorrichtungen in meinem Zimmer auch bewegen. Auch zum Bad schaffe ich es alleine.

Heidi hat mir ein Handy mitgebracht, damit sie mich abends anrufen kann. Als sie geht, versuche ich, das Ladegerät einzustecken. Ich kann den Stecker nicht so halten, dass er in die Steckdose passt. Irgendetwas klemmt.

Eine Woche später. Ich habe mich schon seit Tagen auf Heidi gefreut. Heute kam sie etwas später, denn sie wurde bei der Arbeit aufgehalten. Auf ihrem Weg zu meinem Zimmer hat sie bereits mit der Stationsschwester gesprochen und sie sagt mir, dass sie morgen mit mir etwas weiter vom Krankenhaus wegfahren darf. Ein Ausflug! Ich weiß ja nicht mal so richtig, wo in Melbourne ich bin, obwohl wir vor dem Unfall schon öfter in diesem Teil der Stadt gewesen sind. In der Nacht kann ich vor Vorfreude kaum schlafen. Endlich mal etwas anderes sehen. Samstagmorgen geht's los, raus auf den Gehweg der Bridge Road, ein belebter Boulevard mit vielen Läden und Cafés.

Wir gehen die Straße runter. Überall Leute, Verkehr, Ampeln. Ich sitze im Rollstuhl und sehe nur Hinterteile. Aus der Perspektive ist es mir noch unangenehmer als sonst, in einem Gedränge von Leuten zu stehen, die darauf warten, bis die Ampel grün wird. Und dann los, noch mehr Leute, die auf mich zukommen. Trotz all dem Stress, den ich dadurch habe, genieße ich es, mit Heidi zusammen zu sein. Wir gehen in ein kleines Straßencafé und sitzen viel länger als für den Kaffee. Danach bin ich total erschöpft und Heidi schiebt mich zum Krankenhaus zurück. Auch am Sonntag nach dem Mittagessen fährt Heidi mich wieder die Bridge Road runter. Heute ist hier weniger los. Weniger Hintern, die uns überholen.

Als wir an eine Kreuzung kommen, sieht Heidi die Ampel auf Grün schalten und beschleunigt ihr Tempo. Als wir den Übergang erreichen, ist sie fast ins Laufen übergegangen. Als wir halb über die Straße sind und die Ampel auf Rot springt, sind wir zu schnell. Am anderen Ende des Fußgängerüberwegs vergisst sie, den Rollstuhl nach hinten zu kippen. Die kleinen vorderen Räder krachen in den Bordstein. Mich hebt es aus meinem Sitz und als ich wieder auf dem Stuhl lande, liegt Heidi durch den überraschenden Stopp fast über mir. Zuerst ist sie entsetzt, als sie jedoch bemerkt, dass nichts passiert ist, können wir unser Lachen kaum bremsen.

Montagmorgen geht es weiter mit der Reha-Routine. Zuerst Waden strecken auf dem Holzkeil.

Und mehr Gehversuche. Ich kann bestimmt 20 Schritte tun. Meine Augen werden feucht, ich weiß nicht, ob vor Freude oder Schmerzen, aber es geht, am liebsten würde ich in die Luft springen. Welche Ironie! Wir arbeiten auch viel an meiner rechten Hand. Leider sind die Fortschritte sehr bescheiden. Einige Minuten Anstrengung und sie geht automatisch an die Schulter. Natalie kippt eine Schachtel Büroklammern auf einen Tisch und ich muss sie einzeln aufheben und zurück in die Schachtel legen. Ich kann mich quälen und Dinge machen, die mir wehtun, aber Geduld zählt nicht zu meiner Stärke. Wäscheklammern zusammenzudrücken und die Spitze des Zeigefingers an die Daumenspitze zu führen ist bisher der größte Fortschritt. Mein größtes Ziel ist das Gehen und so sehe ich nicht, wie viel andere Arbeit mir hier noch bevorsteht. Ich habe Heidi bei einem Besuch darum gebeten, mir ein paar Flaschen Coca-Cola sowie Pistazien und Schokolade mitzubringen. Bei der Schokolade bestehe ich auf kleine Pralinen, die einzeln in Cellophan verpackt sind. Abends sitze ich dann da und versuche, die Pralinen auszupacken und die Nüsse zu öffnen. Das führt wenigstens zu einem Ergebnis. Büroklammern aufzuheben ergibt für mich einfach keinen Sinn. Während der bisherigen Wochen haben mich auch Amanda und Rodney regelmäßig besucht. Jetzt, da ich das Krankenhausgelände verlassen darf, setzen sie mich bei ihren Besuchen in meinen Rollstuhl und schieben mich die Gegend rauf und runter.

Mitte der Woche sagen mir die Krankenschwestern, dass sie nicht die Zeit haben, mir dreimal am Tag die Schuhe zu schnüren. Nach der morgendlichen Physio kommt eine Frau aufs Zimmer und stellt sich als Ergotherapeutin vor. Sie nimmt meine Schuhe, entfernt die Schnürsenkel und ersetzt diese durch ein weißes Gummiband. Dann zieht sie mir die Schuhe an. Sie zieht an den Gummibändern und der Schuh sitzt fest. Die weißen Bänder rollen sich auf wie ein Geschenkband, nachdem man mit der Schere entlanggegangen ist. Ungläubig schaue ich sie an. Dann meine braunen Schuhe und die weißen Gummibänder. Sie erklärt mir, dass ich jetzt in der Lage bin, meine Schuhe selber anzuziehen. Ich sage ihr, das sehe ja behindert aus, worauf sie erwidert, dass ich darüber mit meiner Psychologin reden sollte. Auf dem Weg zur Nachmittagsphysio habe ich das Gefühl, dass mir alle auf die Schuhe starren.

Nach dem Abendessen stelle ich meine Schuhe auf den kleinen Tisch am Bett. Dann entferne ich die Gummibänder und mach die Schnürsenkel wieder rein. Oft habe ich Probleme, überhaupt den Anfang durch die Ösen zu bringen. Es ist fast 22 Uhr, als ich es geschafft habe. Jetzt nehme ich einen Schuh und stelle ihn auf den Tisch und versuche, eine Schleife zu machen. Immer wieder gleitet mir der Schnürsenkel aus der rechten Hand, und wenn nicht, wissen meine Finger nicht, was sie machen müssen, um eine Schleife zu binden. Kurz nach Mitternacht gelingt mir die erste. Ich probiere es noch mehrere Male und es klappt fast jedes Mal. Gegen 1 Uhr setze ich mich auf den Stuhl neben dem Bett und ziehe mir Socken und Schuhe an. Die Socken sind total verdreht; ich kann sie nicht richtig in die Hand nehmen, sodass am Ende die Ferse am richtigen Platz ist. Erst nach einigen Anläufen sitzt es richtig. Schuhe an. Alleine das Herunterbeugen ist sehr anstrengend. Ich merke, wie steif mein Körper noch ist. Knie anziehen links schwierig, rechts unmöglich. Mit beiden Händen hebe ich es hoch, stelle den Fuß auf den Boden und beuge mich dann, um die Schnürsenkel zu binden. Kurz vor 3 Uhr morgens ist es geschafft. Erschöpft ziehe ich mich vom Stuhl auf die Bettkante. Die Beine muss ich mit den Händen aufs Bett ziehen. Erschöpft schlafe ich ein, die Schuhe immer noch an den Füßen.

Die Physio am nächsten Tag verläuft entsprechend, da ich sehr müde bin. Natalie fragt, was los ist, warum ich so erledigt sei. Ich starre nur auf meine Schuhe. Sie lacht mich breit an.

Abends ist es recht ruhig. Meistens schaue ich nach dem Essen ein bisschen fern und übe, meine Finger zu bewegen. Heidi hat mir einen kleinen Karton mit sechs Flaschen Cola gekauft, der auf einem kleinen Tisch mit den Pistazien steht. Ich schaue ihn an und versuche zu sehen, wie viele Flaschen noch drin sind. Es klappt nicht. Sechs Flaschen waren in dem Karton und ich kann nicht zählen, wie viele noch da sind. Ich probiere es, in dem ich mit dem Zeigefinger die Flaschen berühre, schon nach zwei komme ich aus dem Konzept. Ich kann nicht mal mehr bis drei zählen. Ich schaue auf den Kalender, der über dem kleinen Tisch hängt. Wie lange habe ich noch Zeit bis Weihnachten, wenn ich hier halbwegs aufrecht rauslaufen will? Auch das klappt nicht. Ich deute mit dem Finger auf den heutigen Tag, gehe von Tag zu Tag weiter, aber am Ende der Woche bin ich überfordert. Ich lege mich ins Bett, starre die Decke an. Die Depressionen kommen jetzt immer öfter. Nicht immer so schlimm, dass ich nur daliege und weine, aber feuchte Augen kriege ich schon.

Heidi hat jemanden darauf hingewiesen, dass ich Probleme mit dem Sehen habe. Es folgen Tests. Dabei stellt sich heraus, dass aufgrund der Gehirnverletzungen die Meldung von meinem linken Auge zum Gehirn länger dauert als vom rechten. Das Resultat ist, dass ich Gegenstände, die sich links von meiner Schulter befinden, beim Geradeaussehen nicht wahrnehme. Auch das dreidimensionale Sehen funktioniert nicht mehr, alles ist flach. Auch hierfür muss ich jetzt eine Therapie machen. Mindestens einmal pro Woche kommen Richard und Barbara nach der Arbeit vorbei, und auch der Besuch tagsüber wird mehr. Auch George kommt noch jede Woche einmal vorbei, obwohl ich nicht mehr gefüttert werden muss.

Abends setze ich mich jetzt selbstständig in meinen Rollstuhl. Mit dem linken Bein schieb ich mich vorwärts zu einem kleinen Aufenthaltsraum am Eingang der Station. Ich kann an der Küchenzeile stehen und mache mir fast jeden Abend eine Tasse Tee. Aufgrund der 3-D-Sache ist das allerdings nicht immer ganz einfach. Zwei- oder dreimal landet das Wasser neben der Tasse. Als ich mich bei einer Physio auf diese Weise in meinem Rollstuhl fortbewege, ist Natalie gar nicht begeistert davon. Einseitige Belastung. Nur das linke Bein arbeitet, das ist nicht gut fürs Gleichgewicht. Da sie meine neue Selbstständigkeit aber nicht bremsen will, bittet sie mich, das Ganze auf ein Minimum zu beschränken.

Jetzt geht es bereits auf Weihnachten zu. Donnerstagabend sagt man mir, dass ich am Wochenende vor Weihnachten das Krankenhaus verlassen darf, ich soll aber in der Nähe bleiben, das bedeutet, nicht mehr als 30 Minuten Fahrzeit entfernt. Wenn das gut geht, kann ich über Weihnachten und Neujahr für einige Tage nach Hause.

Am Abend kommen Rodney und Amanda zu Besuch und ich erzähle ihnen die Neuigkeiten. Sofort sagen sie, dass Heidi und ich für das Wochenende bei ihnen zu Hause in Newport, etwa 40 Minuten entfernt, eingeladen sind.

Am Freitagnachmittag kann ich es kaum erwarten, dass Heidi eintrifft. Natalie hatte mir bei unserer ersten Begegnung gesagt, dass ich, wenn ich hart arbeite, vielleicht an Ostern wieder richtig gehen könne. Damals habe ich erwidert, dass ich bereits an Weihnachten aus der Klinik herauslaufen werde. Jetzt, eine Woche vor Weihnachten, laufe ich hier raus. Nicht so elegant, wie ich es mir vor zwei Monaten vorgestellt hatte, aber ich schaffe es bis zum Auto, das erfreulicherweise nicht weit vom Ausgang geparkt ist.

Die Fahrt ist ein Alptraum. So viele Eindrücke, die vorbeifliegen, so viel Verkehr. Durch das Fehlen des 3-D-Sehens kann ich weder unsere Geschwindigkeit noch die des übrigen Verkehrs einschätzen. Sehe ich eine rote Ampel, fange ich an zu schreien „Vorsicht, rot“. Wir sind aber noch hunderte Meter weg. Heidi kann sich nicht auf den Verkehr konzentrieren, weil ich sie ablenke.

Als wir bei Rodney und Amanda ankommen, ist es bereits dunkel. Zusammen essen wir zu Abend. Schon lange ist es her, dass ich ein Dinner so genossen habe, nicht auf der Bettkante sitze, mit anderen Leuten an einem Tisch und eine Unterhaltung führe. Danach sitzen wir alle zusammen für eine Weile auf der Veranda. Da mich selbst die kurze Fahrt vom Krankenhaus angestrengt hat, gehen wir früh zu Bett.

Als wir am nächsten Morgen aufstehen, sind Amanda und Rodney bereits aus dem Haus. Ich sitze in meinem Rollstuhl auf der Terrasse in der Sonne. Heidi bereitet das Frühstück zu. Danach fahren wir ins benachbarte Williamstown. Heidi lädt den Rollstuhl aus und schiebt mich an der Uferpromenade entlang. Wir setzen uns in eine Eisdiele und genießen den Blick aufs Meer. Am anderen Ende der Bucht sehen wir die Häuser von Melbourne.

Für ein paar Stunden vergesse ich, dass ich wieder zurück ins Epworth muss und Heidi wieder nach Hause, in die Firma.

Sonntag am späten Nachmittag bringt sie mich zurück. Ich setze mich auf mein Bett und warte auf ihren Anruf, dass sie gut eingetroffen ist. Ich werde melancholisch, aber heute kann ich das zum ersten Mal etwas kontrollieren, da es abzusehen ist, wann ich wieder nach Hause kann. Mitte Februar könnte es so weit sein, wurde uns gesagt. Ostern, hat Natalie gesagt, könnte ich wieder laufen. Bereits acht Wochen sind es nun, seit ich hier im Epworth bin. Ich frag mich, warum es bis Ende Februar dauern soll, bis ich nach Hause kann. Noch eine knappe Woche bis Weihnachten. Ich nehme mir vor, noch härter zu arbeiten, damit ich im neuen Jahr nur noch für ein paar Tage hierher zurück muss.

Weihnachten

Ich habe bis zum 2. Januar Urlaub und kann nach Hause. Am Morgen des 24. Dezember habe ich morgens noch Physiotherapie. Als ich dort eintreffe, hat Natalie bereits die Videokamera aufgebaut. Wieder muss ich auf sie zulaufen, während sie mich filmt. Dann geht sie kurz weg und kommt mit zwei Tassen Tee zurück. Sie holt sich einen Stuhl und setzt sich neben mich in meinem Rollstuhl, dann sehen wir uns zusammen meine ersten Gehversuche vor einigen Wochen an und dann das Video, das sie gerade gemacht hat. Ich bin sprachlos, als ich die Fortschritte sehe. Gut gelaunt verabschieden wir uns und wünschen uns frohe Weihnachten.

Nach dem Mittagessen wartet bereits der Wagen des Krankentransports vor der Tür. Zuerst fahren wir nach Bendigo, etwa 150 Kilometer nordöstlich von Melbourne. Dort wohnt Heidis Familie, ihr Vater, die Schwester, ihr Mann und die Kinder Megan und Mitchell. Wie jedes Jahr verbringen wir Heiligabend und den ersten Weihnachtsfeiertag dort. Dieses Jahr jedoch das erst Mal ohne Heidis Mutter, die im April gestorben ist. Als wir kurz vor Bendigo sind, fragt mich der Fahrer, ob ich weiß, wo ich hin will. Selbstsicher bejahe ich. Heidis Familie wohnt etwa 20 Kilometer außerhalb. Wir erreichen die ersten Häuser und ich sage ihm, er soll rechts abbiegen. Eine Straße zu früh! Als wir das Ende dieser Straße erreichen, habe ich die Orientierung verloren, obwohl wir schon so oft hier waren. Wir müssen zurück in die Innenstadt, von wo ich den Weg dann aber finde. Heidi ist direkt von der Firma dorthin gefahren und bereits da, als wir eintreffen.

Wir verbringen während der nächsten zwei Tage viele besinnliche Stunden zusammen und sprechen viel über Heidis Mutter Ursula.

Am zweiten Feiertag verlassen wir die Familie und fahren für die restlichen Tage nach Hause. Endlich! Dort erwarten uns Klaus, der in den letzten Wochen den Südosten Australiens mit dem Motorrad erkundet hat, sowie Richard und Barbara mit den Kindern. Und mich eine Überraschung: Kurz vor meinem Unfall habe ich in Vorbereitung der Renovierung unseres Badezimmers eine dreieckige Badewanne mit Düsen bestellt. Als ich ins Bad gehe, sehe ich, dass die Wanne installiert ist. Alles andere im Bad sieht aus wie im Rohbau, aber die Wanne und ein neues Fenster, das ich geplant hatte, damit man von der Dusche in den Garten sehen kann, sind eingebaut. Ein Freund und Kunde hat das organisiert und teilweise ausgeführt.

Das Gras auf dem ganzen Grundstück ist gemäht. Heidi berichtet, dass die Söhne der Nachbarn regelmäßig gekommen sind. Ohne Fragen, einfach gekommen und gemäht.

Barbara und Richard haben bereits alles für einen Grillabend vorbereitet und wir beide können uns zurücklehnen und die Zeit genießen, die wir zusammen haben. Über die Tage machen wir einen Ausflug mit unserem Auto in die Umgebung. Zuerst fahren wir nach Bright, wo wir mit Richard und seiner Familie Eis essen gehen. Dann trennen wir uns. Ich will zur Tawonga Gap, die Unfallstelle besichtigen. Kurz darauf stehen wir am Straßenrand. Ich kann mich an überhaupt nichts erinnern. Auf dem Rückweg nach Bright biegt Heidi in die Einfahrt eines Hauses ein. Als ich sie fragend ansehe, sagt sie mir, dass wir am Haus der Familie Thoroughgood sind. Rosemarie und Ron sind Kunden von uns und ich war mit Ron einige Male mit unseren Enduros unterwegs. Rosemarie ist Rettungskrankenschwester und Heidi hat mir erzählt, dass Rosemarie nach meinen Freunden die erste Person an der Unfallstelle war und Erste Hilfe geleistet hat.

Wir werden herzlich empfangen. Rosemarie sagt mir, sie habe ihren Augen nicht trauen können, als sie mich durch den Garten laufen sah. Wir müssen zum Kaffee bleiben und setzen uns alle auf die Terrasse. Nachdem alles serviert ist, setzt sich Rosemarie mir gegenüber. Sie sagt, dass sie es kaum glauben könne, dass ich hier sitze. An der Unfallstelle habe sie nicht damit gerechnet, dass ich überleben würde. Sie erzählt, dass kurz nach ihr zwei Mountainbike-Fahrer eingetroffen seien. Beides Ärzte, die gerade in der Gegend Urlaub machten. Während sie das alles erzählt, hält sie meine Hand mit festem Griff.

Ich sitze da und höre ihr zu, als ob sie über jemanden anderen reden würde.

Später treffen auch die Tochter Lexi und ihr Freund Stefan ein und begrüßen uns mit derselben Herzlichkeit. Stefan fährt professionell Enduro und hat gerade Winterpause. Im vergangenen Sommer war er ebenfalls hier gewesen und ich hatte ihm mein Motorrad zur Verfügung gestellt, damit er trainieren kann. Er erzählt mir, dass er gerade zum dritten Mal Weltmeister geworden ist. Dann gibt er mir ein Trikot, das er während des Jahres getragen hat, und sagt mir, dass er erwartet, dass wir zusammen fahren gehen, wenn er das nächste Mal in Australien ist. Inzwischen dämmert es bereits und wir verabschieden uns, was lange dauert.

Zu Hause warten Barbara und Richard bereits mit dem Abendessen.

An Silvester gibt es noch mehr Besucher. Geoff kommt mit seinem Sohn Darcey, gegen Abend treffen dann auch noch einige Leute aus dem Ort bei uns ein. Alle bringen ihre eigenen Getränke, etwas zu essen und Stühle mit. Am Ende sind es fast 50 Leute, die es sich im Garten bequem gemacht haben.

Es wird recht spät und die Gäste, die von weiter her angereist sind, übernachten, wo immer es Platz hat: im Wohnzimmer, im Auto oder im Zelt. Am nächsten Tag bereiten Geoff und Richard auf dem Grill ein zünftiges Frühstück mit Eiern und Speck zu. Klaus fliegt morgen zurück nach Deutschland und Geoff wird ihn zum Flughafen bringen. Das Motorrad, mit dem Klaus durch den Süden Australiens gereist ist, wird er bei uns lassen, damit wir es über unser Geschäft verkaufen. Nach dem Frühstück schleichen Klaus und ich uns davon und ich versuche, mich mit seiner Hilfe aufs Motorrad zu setzen. Es ist kompliziert und anstrengend für mich aufzusteigen, aber am Ende und mit viel Hilfe von Klaus klappt es. Durch die Anstrengung hat sich die rechte Hand wieder völlig verkrampft und zur Faust geballt und ich kann die Finger nicht mehr öffnen. Aber ich sitze. Auf dem Motorrad. Es hat gut getan.

Nach dem Frühstück reisen die Leute, die bei uns übernachtet haben, nach und nach ab und ich kann mich ausruhen, bevor es zurück nach Melbourne ins Krankenhaus geht. Am Abend nehme ich das erste Bad in unserer neuen Wanne.

Januar 2004

Am ersten Tag zurück im Epworth strenge ich mich noch mehr an als bisher. Jetzt, da ich nach über zehn Wochen zum ersten Mal wieder zu Hause war, zieht es mich natürlich sogleich unbändig dorthin zurück. Aber jetzt geht es erst mal weiter mit der Therapie.

Am 7. Januar kommt nach der ersten Physio-Einheit die Psychologin zu mir ins Zimmer. Während ich noch nachdenke, was ich jetzt falsch gemacht habe, sagt sie mir, dass sie einen Anruf meiner Frau erhalten hat. Dann teilt sie mir mit, dass mein Freund Uwe aus Deutschland über Nacht an Herzversagen gestorben ist.

Uwe war ein Schulfreund. Als Teenager haben wir viel zusammen unternommen – und einiges an Dummheiten gemacht.

Seine Frau Gabi ist mit uns zur gleichen Schule gegangen. Über sie habe ich Heidi kennengelernt. Heidi hatte 1990 eine Reise um die Welt gemacht. Um die Reisekasse wieder aufzufüllen, hat sie während der Passionsspiele in Oberammergau einen Stopp eingelegt. Einem Cousin von ihr gehört das Hotel „Rose“ und sie hat während der Festspielzeit dort gearbeitet. In dieser Zeit hat sie Gabi kennengelernt, die ebenfalls dort gejobt hat. Sie haben sich angefreundet. Ein paar Jahre später haben sie beschlossen, in Gabis Heimatort Freudenstein die in die Jahre gekommene Gastwirtschaft „Zum Rössle“ zu pachten. Mein Glück.

Es trifft mich wie ein Schlag. Hier liege ich, wiege mich ständig in Selbstmitleid und falle in Depressionen. Und jetzt? An Neujahr hat Uwe noch angerufen und hat mich angespornt, zu mir gesagt: „Das wird schon wieder. Du schaffst das!“ Zorn steigt auf. Bei der Physio am Nachmittag arbeite ich hart wie nie, mit Tränen in den Augen vom körperlichen Schmerz und vor Trauer. Natalie wurde von der Psychologin informiert und versucht, mit mir zu reden, ich trete jedoch stur auf der Tretmühle auf und ab. Als Natalie schließlich kommt, habe ich in der gleichen Zeit doppelt so viele Steps gemacht wie ein paar Tage zuvor. Total erschöpft komme ich zurück in mein Zimmer.

Abends ruft Heidi an. Wir weinen beide.

Aufgrund der Fortschritte, die ich mache, wird mir gesagt, dass ich bis Ende Januar entlassen werden kann. Neuigkeiten, die mich noch mehr motivieren. Ich kann bereits mehrere hundert Meter gehen. Mit der Ergotherapeutin gehe ich einkaufen und fühle mich recht sicher. Wir laufen zusammen zur nächsten S-Bahn-Haltestelle und ich muss lernen, wie ich am Automaten eine Fahrkarte kaufe. Wozu, weiß ich nicht. Orientierung habe ich noch immer nicht, also, wo soll ich hinfahren und was tun, wenn ich dort bin? Von uns zu Hause bis zum nächsten Bahnhof sind es fast 70 Kilometer. Auch das wird schwierig, aber es steht nun eben mal im Programm der Reha. Ich soll eine kleine Mahlzeit kochen. Hierzu gehen wir einkaufen und dann in die Küche des Reha-Zentrums. Schweineschnitzel in Senf-Sahne-Soße mit Penne-Nudeln habe ich geplant, ein Gericht, das ich schon oft gemacht habe und das einfach zuzubereiten ist. Ich beginne damit, Zwiebeln zu schneiden. Wie schwierig es ist, alles mit der linken Hand zu machen! Über die rechte habe ich noch immer ziemlich wenig Kontrolle. Ich kann den Arm heben und die Hand dort hinlegen, wo ich sie will, aber die Finger machen fast gar nichts. Etwas festzuhalten ist sehr schwierig. Ich bin schnell frustriert, schneide aber verbissen an der Zwiebel. Dann geht es ans Kochen. Inzwischen bin ich so erschöpft, dass ich gar nichts mehr auf die Reihe bringe. Die Ergotherapeutin hilft mir und am Ende gebe ich auf einem Stuhl sitzend nur noch Anweisungen, was sie machen soll. Wir essen zusammen, was sie unter meiner Anweisung gekocht hat, und dann schiebt sie mich zurück über die Straße zu meinem Zimmer. Ziemlich kleinlaut verabschiede ich mich. Dann liege ich auf meinem Bett und frage mich, ob sie mir beibringen wollte, wieder eine Mahlzeit zuzubereiten, oder ob sie mir zeigen wollte, wo meine Grenzen sind und wie weit ich noch gehen muss, bis ich etwas alleine tun kann.

Übers Wochenende darf ich wieder nach Hause. Es ist das erste Mal, dass ich den Rollstuhl im Krankenhaus lassen kann. Das Wochenende ist nach den Nachrichten der vergangenen Woche natürlich sehr ruhig, aber es ist abzusehen, dass ich bald entlassen werde.

Mitte der Woche wird mir auf mein Drängen hin gesagt, dass es in zehn Tagen so weit sein könnte, wenn ich dann in der Lage wäre, dies und das zu tun. Nur noch ein Wochenende dazwischen, und dann brauche ich nicht mehr hierher zurückzukommen. Bereits nach etwas weniger als einer Woche habe ich die Vorgaben, die gesetzt wurden, erreicht.

Endlich ist es so weit. Freitag soll ich entlassen werden, zu früh, wie man mir versichert, aber ich habe darauf gedrängt. Heidi ist bereits am späten Vormittag da. Dann erst mal eine Sitzung mit den Therapeuten und einer Dame, die das Ganze koordiniert.

Man sagt uns, dass in Myrtleford Kontakt mit einem Physiotherapeuten aufgenommen wurde und dass ich dreimal pro Woche eine Behandlung vor Ort bekommen werde.

Back home

Endlich wieder zu Hause. Wegen der Schlussbesprechungen im Krankenhaus ist es bereits nach 18 Uhr, als wir in Myrtleford ankommen. Wenn wir jetzt noch einkaufen und kochen, wird es sehr spät mit dem Abendessen und wir haben Hunger. So beschließen wir, eine Pizza essen zu gehen. Zufällig treffen wir einige Leute, die sich ziemlich überrascht nach meiner Gesundheit erkundigen und mir gute Besserung wünschen.

Ich bin entspannter als in den letzten Wochen, da ich weiß, dass ich am Sonntagabend nicht wieder zurück nach Melbourne muss. Wir verbringen ein ruhiges Wochenende.

Montagmorgen geht Heidi zur Arbeit. Ich bin allein zu Hause. Das erste Mal. Heidi hat mir Frühstück zubereitet. Ich mache mir einen Tee. Der Postbote fährt vorbei und wirft etwas ein. Ich schlüpfe in meine Birkenstock und laufe los. 80 Meter oder weniger. Als ich ankomme, bin ich total erledigt. Ich habe vergessen, die Schuhe mit den Einlagen zu tragen.

Jetzt muss ich mich erst mal hinsetzen und ausruhen, bevor ich wieder zurück kann. Dann schleppe ich mich zum Haus. Erschöpft setze ich mich auf einen Sessel. Das ist alles, was ich heute getan habe. Der erste Tag allein zu Hause ... und ich hatte so viel vor.

Bereits im Krankenhaus wurde meine weitere Reha zu Hause organisiert. Ich bekomme eine *case managerin*, Kerrie Ann, die nicht weit von hier wohnt. Sie wird Dinge zu Hause für mich organisieren. Was das genau sein wird, weiß ich nicht, und bei der Sitzung im Krankenhaus habe ich nicht genau zugehört. Zu viele Leute, zu viel geredet.

Eine Woche nachdem ich angekommen bin, hat Kerry Ann montagmorgens ein Treffen bei uns zu Hause organisiert. Zu dem kommen außer ihr die Physiotherapeutin, eine Psychologin und eine Ergotherapeutin sowie Leah, die meine Reha organisieren und überwachen wird. Wir sitzen alle am Tisch und es wird viel geredet, dem ich kaum folgen kann. Zu viele Themen, zu viele Leute. Ein Glück, es ist noch morgens und ich bekomme wenigstens Bruchstücke mit. Heidi geht erst später zur Arbeit und ist bei der Besprechung dabei.

Physiotherapie werde ich dreimal die Woche haben, die Psychologin und die Ergotherapeutin werden einmal die Woche kommen. Auch Heidi wird angeboten, mit der Psychologin zu reden, was sie ablehnt.

Leah schlägt vor, dass ich in ein Wohnheim mit betreutem Wohnen etwa 100 Kilometer von hier ziehen könnte. Ich kann nur lachen. Jetzt habe ich gerade vier Monate lang hart an mir gearbeitet, damit ich wieder nach Hause kann, und sie will mich zum betreuten Wohnen schicken, wo abends die Türen abgeschlossen sind. Jetzt lache ich darüber, aber dieser Gedanke wird mich noch oft beschäftigen.

Sie schlägt außerdem vor, dass wir unser Geschäft schließen oder verkaufen. Dies würde Heidi entlasten und sie könnte einer Arbeit nachgehen, bei der sie nicht so viel Verantwortung hat.

All das bei unserem ersten Treffen. Heidi lehnt den Vorschlag ab. Viel später sagt sie mir, das Geschäft sei einer der Gründe gewesen, die mich immer angespornt haben, mehr an mir zu arbeiten, und ohne diese Aussicht wäre ich bestimmt nicht so hart und verbissen gewesen oder hätte sogar aufgegeben. Aber immer wieder kommt Lea darauf zurück. Ich werde ungehalten und sage ihr, dass wir unsere ganzen Ersparnisse investiert haben. Die Versicherung stellt sich bezüglich der

Lohnfortzahlung quer und ich frage sie, wie sie sich das vorstellt, wenn wir einfach die Türen unseres Geschäfts schließen.

Hört sie mir überhaupt zu? Versucht mich dauernd zu überzeugen. Wir beenden das Treffen. Heidi geht zur Arbeit und ich bin allein zu Hause, aufgewühlt in meinen Gedanken an die Zukunft. Ich suche nach einer Lösung. Wie soll es weitergehen? Ich denke an den Vorschlag, das Geschäft zu verkaufen. Gerade mal zwei Jahre und dann das Problem mit dem Feuer und die Investition für das zusätzliche Gebäude, da sehen die Bücher nicht gut aus. Unser Haus ist wohl bezahlt, aber um die Geschäftsgebäude zu kaufen, mussten wir es als Sicherheit hinterlegen. Egal wie ich es drehe, es kommt dabei heraus, dass wir alles verkaufen müssten. Heidi würde sich eine Arbeit suchen und wir müssten uns nach einer Mietwohnung umsehen, die dann wohl sehr klein ausfallen wird. Immer wieder kommen die gleichen Gedanken, aber sie spornen mich auch an. Ich muss wieder richtig auf die Beine kommen. Muss noch härter an mir arbeiten und ich überzeuge mich schließlich, dass es nur noch Wochen dauern kann, bis ich wieder zurück bei der Arbeit bin.

Ich versuche, mich tagsüber zu beschäftigen, so gut es geht. Nachdem ich von der Physiotherapie nach Hause komme, bin ich jedoch meistens so erledigt, dass nicht mehr viel geht. Es ist Hochsommer, heiß – und oft sitze ich auf der Terrasse und warte darauf, dass Heidi nach Hause kommt. Wir sitzen dann zusammen und ich frage nach dem Geschäft. Sie erzählt mir meist nicht viel, sondern wird ganz ruhig und macht sich auf in die Küche, um das Abendessen zu kochen. Ich sitze da und denke, dass ich faul bin, da ich weder arbeite noch meinen Teil im Haushalt beitrage.

Montags kommt jetzt immer die Psychologin. Zweimal in der Woche gehe ich zur Physio- und einmal zur Hydrotherapie. Auch die Ergotherapeutin kommt einmal. Wir planen dann ein Essen und gehen danach gemeinsam einkaufen. Ich dränge sie, dass wir zusammen zur Arbeit gehen, aber sie will nichts davon hören. Wenn ich dann zu Hause bin und erschöpft auf der Terrasse sitze, den Garten ansehe und mir bewusst wird, dass ich nicht in der Lage bin, etwas zu tun, werde ich immer sehr bedrückt. Dann rein ins Haus, damit ich das Ganze nicht sehen muss. Drinnen sehe ich das halb renovierte Badezimmer und all die anderen Räume, für die wir so viele Pläne hatten. Erst wollte ich so schnell wie möglich von der Reha nach Hause und jetzt halte ich es hier nicht aus. Ich sehe nur die ganzen Träume, die wir hatten, und nun steht alles still.

An den Tagen, an denen ich keine Therapie habe, schleppe ich mich ohne Motivation durchs Haus. Ich habe das Gefühl, dass meine Fortschritte seit der Entlassung aus dem Krankenhaus eher rückwärts gehen. In der Reha hatte ich ständig Programm, jetzt sitze ich oft nur herum. Überall sehe ich Aufgaben, die erledigt werden sollten. Ich versuche, Dinge zu tun, aber schaffe einfach nicht, es durchzuführen. Die Depressionen sind schlimmer denn je. Morgens, nachdem Heidi aus dem Haus ist, gehe ich ins Badezimmer, sehe den halb fertigen Raum, dann mein Gesicht im Spiegel und es geht los. Ich habe keinerlei Einfluss darauf.

Ende Februar bekommen wir Besuch, Walter und Charlotte. Freunde von uns aus Deutschland, Regina und Volker, haben hier vor Jahren ein Auto gekauft und wenn sie nicht Urlaub in Australien machen, steht es bei uns. Letztes Jahr haben sie uns mitgeteilt, dass Freunde von ihnen dieses Auto bei uns abholen würden, um Australien zu bereisen. Die beiden waren etwa zwei Wochen nach meinem Unfall in Australien eingetroffen und Heidi hat ihnen das Auto auf dem Weg zu einem der Krankenhausbesuche nach Melbourne zu ihrem Hotel gebracht.

Jetzt sind sie wieder in der Gegend und werden in den nächsten Tagen das Auto wieder bei uns abstellen. Ich biete natürlich an, dass sie bei uns übernachten können. Zwei Tage später treffen sie ein. Sie bringen Essen für den Abend mit und wir grillen. Endlich hat Heidi mal Zeit, nach der Arbeit auch ein wenig auszuruhen. Während unserer Unterhaltung beim Essen stellt sich heraus, dass sie erst in einer Woche wieder nach Hause fliegen und ein Hotel in Melbourne suchen. Wir bieten an, dass sie bei uns bleiben können, da sie die Stadt ja bereits bei ihrer Anreise angeschaut haben.

Sie bleiben etwas über eine Woche bei uns. Charlotte kocht und übernimmt wie selbstverständlich den Haushalt. Wenn Heidi abends nach Hause kommt, finden wir endlich wieder ein paar Minuten der Ruhe und nach dem Essen können wir zusammensitzen. Walter arbeitet im Garten, er mäht den Rasen und verschneidet die Bäume. Bereits nach dem zweiten Tag fühlt es sich so an, als ob sie nicht nur Teil der Familie geworden sind, sondern auch als ob wir sie schon ein Leben lang kennen. Ich bin froh, Gesellschaft und Ablenkung zu haben und nach der Physio nicht in ein leeres Haus zu kommen. Die beiden unternehmen kleine Ausflüge mit mir und ich freue mich, mal wieder etwas anderes zu sehen. Sogar kleine Wanderungen unternehmen wir zusammen. Charlotte ist Ende achtundsechzig und Walter neun Jahre älter. Die beiden inspirieren mich ungemein, gerade sind sie mit Regina und Volkers Auto nach Broome ans andere Ende von Australien und wieder zurückgefahren. Ich bin wieder angespornt, noch mehr an meinem Körper zu arbeiten. Außerdem bin ich besser drauf, da nicht alles an Heidi hängen bleibt und sie wenigstens ein paar wenige Stunden am Abend ausruhen kann. Charlotte kocht nicht nur für uns und macht danach die Küche, sie bügelt auch die ganze Wäsche und putzt das Haus, während Walter noch immer im Garten arbeitet.

Als die beiden abreisen, wird es wieder einsam im Haus und ich habe zu viel Zeit zum Grübeln. Heidi muss wieder die ganze Hausarbeit machen. Inzwischen mache ich immerhin ein paar kleine Dinge; die Erfolgserlebnisse betone ich über alle Maßen. Selbst vom Staubsaugen berichte ich Heidi abends. Die Ergotherapie geht voran. Ich koche einfache Gerichte und es macht mich stolz, dass, wenn Heidi am Abend nach Hause kommt, etwas zu essen zubereitet ist. Heidi hat mir einige CDs mit Übungen für Gehirnjogging gekauft und ich versuche, wenigstens einmal am Tag für eine halbe Stunde dieses Training zu machen. Oft bin ich danach mental ausgepowert, aber Heidi ermuntert mich immer und immer wieder.

Am liebsten will ich alles hinschmeißen, wenn mir etwas nicht gelingt. Oft bin ich niedergeschlagen, wenn Heidi nach Hause kommt. Sie weiß nie, in welchem Zustand sie mich antreffen wird. Wenn etwas nicht geklappt hat, bin ich barsch und fahre sie an. Gleich danach tut es mir leid, ich kann es aber nicht ausdrücken; stattdessen werde ich verschlossen und einsilbig. Wenn sie nach Hause kommt und mich deprimiert antrifft, hat sie Angst, dass ich mir etwas antue. Immer wieder muss ich ihr versprechen, dass ich das nicht tun werde. Ich lache nur darüber und erwidere, dass ich nichts, aber überhaupt nichts richtig machen kann und dass ich daher auch das bestimmt nicht richtig machen würde.

Heidi arbeitet immer hart, abends kommt sie nach Hause, kocht, falls ich mal wieder nicht in der Lage dazu war, das Essen und macht die Küche sauber. Dann sind die Abende auch meistens schon vorbei. Meine Unzufriedenheit nimmt wieder zu, die Stimmungsschwankungen werden extremer und ergeben sich binnen Minuten. Heidi ist in den letzten Wochen noch ruhiger, als sie es immer schon war, und zunehmend in sich gekehrt. Erzählt kaum noch etwas anderes als Belanglosigkeiten von der Firma. Ich rede mir ein, dass ich weiß, wie alles geht, und gebe gute Ratschläge, aber tatsächlich tue ich nichts außer zu Hause zu sitzen. Ich sage ihr immer recht ungehalten, was und wie sie es machen soll, und oft steigere ich mich so hinein, dass ich sie anschreie. Dann sitze ich den ganzen Abend und den nächsten Tag lang zu Hause und habe ein schlechtes Gewissen. Am Abend geht es dann von vorne los.

Eines Morgens wache ich auf und höre sie vor sich hin weinen. An einem anderen Morgen ist, als wir aufstehen, ihr Kopfkissen voll mit Haaren, die ihr über Nacht ausgefallen sind. Ich versuche schon seit Wochen, sie dazu zu überreden, mit Cherie, der Psychologin, zu sprechen, was sie immer wieder ablehnt. Arbeit, Angestellte, Kunden, und dann kommt sie nach einem langen Tag nach Hause und weiß nicht, in welcher Stimmung sie mich in meiner kleinen Welt mit meinen kleinen Problemen antrifft. Die Sorgen wegen der Arbeit will sie mir nicht mitteilen.

Aber jetzt, nach über einem halben Jahr der Belastung, wird es zu viel für sie. Dazu noch meine lautstarke Kritik jeden Abend und die Ungewissheit, wie es weitergeht. Für mich ist es einfach, da ich noch immer der Überzeugung bin, dass in einigen Wochen alles wieder in Ordnung ist mit mir.

Ohne viel zu reden trinkt sie morgens ihren Tee, frühstückt und fährt zur Arbeit. Über die nächsten Tage gelingt es mir endlich, sie zu überreden, dass sie doch eine Stunde mit Cherie verbringt. Nachdem sie das einige Tage später endlich getan hat, fährt sie nach dem Gespräch zur Arbeit. Ich bleibe mit Cherie sitzen, um meine wöchentliche Sitzung mit ihr zu haben. Sie sagt mir, dass es ein Wunder ist, dass Heidi nach diesem Jahr, in dem wir ihre Mutter verloren haben, unseren Hund einschläfern lassen mussten und sie dann noch seit sechs Monaten die Belastung mit mir hatte, keinen Nervenzusammenbruch erlitten habe.

Abends spreche ich mit ihr darüber und es geht ihr etwas besser. Bisher war immer nur einer von uns beiden niedergeschlagen und der andere hat ihn dann aufgemuntert. Jetzt sind wir beide down, sitzen da und weinen, wissen nicht, wie es weitergeht.

Als sie am nächsten Tag bei der Arbeit ist, liege ich da und überlege, ob es nicht besser wäre, Leahs Vorschlag anzunehmen und nach Albury ins betreute Wohnen zu ziehen. Ich sehe mich schon, wie ich da sitze bis zu meinem Lebensabend. Drei Mahlzeiten am Tag und den ganzen Tag fernsehen. Nichts, worum ich mir Sorgen machen muss. Natürlich bleiben bei solchen Gedanken die Depressionen nicht aus und ich steigere mich mehr und mehr in das Thema hinein.

Kann ich meine Situation überhaupt richtig einschätzen?

Was mute ich Heidi tatsächlich zu? Ist mein Leben, wie es vor dem Unfall war, beendet und ich werde mich nie richtig erholen? Kann ich Heidi zumuten, den Rest ihres Lebens mit einem schwerbehinderten Mann zu verbringen, um den sie sich fortan kümmern muss?

Oft schlägt die Depression in Jähzorn und Ärger über. Leah hat uns bei der Besprechung knapp zwei Stunden lang kennengelernt und dann macht sie einen Bericht mit solchen Vorschlägen. Sieht sie denn nicht, dass das Geschäft und meine Unabhängigkeit mein Motor sind?

Ich beschließe für mich, dass sie nur nach Schema F verfährt und alle ihre „Kunden" über den gleichen Kamm schert. Sie will mein Leben leichter machen, aber sieht nicht, dass sie mir meinen Antrieb nimmt. –

Wenn ich an das betreute Wohnen denke, sehe ich immer Bilder aus dem Film von Milos Forman „Einer flog über das Kuckucksnest" vor mir, denke an die beklemmenden Anstaltflure und die totale Überwachung der abgeschobenen Insassen. Dann bin ich wieder trotzig. Denen werde ich es schon zeigen! Natalie hatte gesagt, wenn ich mit ihr arbeite, würde ich bis Ostern wieder laufen. Jetzt sind es noch zwei Monate bis dahin und ich bin bereits zu Hause. Die wird mich kennenlernen! Abends erzähle ich Heidi von meinen Gedanken, auch von dem Vorschlag, dass ich bereit wäre, knapp 100 Kilometer entfernt in betreutes Wohnen zu ziehen. Ich sage ihr, dass es bestimmt einfacher für sie wäre, wenn ich nur am Wochenende zu Hause wäre und sie unter der Woche wenigstens eine Sorge vom Hals hätte. Seit Langem lacht sie mal wieder, will nichts davon wissen und versichert mir, dass wir das auch so durchstehen würden.

Als ein paar Tage später Leo anruft, erzähle ich ihm, dass es nicht so gut steht, und wie schwer es vor allem Heidi hat. Er sagt mir, dass wir wohl Hilfe brauchen und dass er nächste Woche vorbeikommen wird, um uns drei Wochen lang zu besuchen und Heidi zu helfen.

Besuch von Leo

16. März 2004

Am späten Nachmittag brechen wir nach Melbourne auf. Wir übernachten bei Vicky und Michelle und am nächsten Tag nach dem Frühstück fahren wir zum Flughafen, um Leo abzuholen. Dann bringt Heidi uns nach Hause. Auf dem Weg durch Myrtleford halten wir an und Leo erledigt den Einkauf fürs Abendessen, während Heidi ins Geschäft geht, um zu arbeiten. Nach dem Abendessen gibt Leo mir einen großen Umschlag. Darin sind viele Briefe von Freunden aus Deutschland, die ich zum Teil seit 20 Jahren nicht mehr gesehen habe. Ich bin den ganzen Rest des Abends mit Lesen beschäftigt, während sich Leo mit Heidi unterhält. Kleine Anekdoten, viele Fotos von lange vergangenen Tagen und viele, viele Worte der Aufmunterung. Ich bin überwältigt, wer mir alles geschrieben hat, und nachdem ich alle Briefe gelesen habe, fange ich wieder von vorne an. Heidi und Leo sind inzwischen zu Bett gegangen, aber ich sitze noch lange mit meinen Briefen und Fotos am Tisch.

In den nächsten Tagen zeige ich Leo die Gegend, in der wir wohnen. Er fährt, ich sage, wo es langgeht. Morgens macht er das Frühstück für Heidi, bevor sie zur Arbeit geht, und abends, wenn sie nach Hause kommt, hat er das Abendessen zubereitet. Leo schleppt mich mit zum Einkaufen und stellt tausend Fragen über alle möglichen Dinge, was für mich sehr anstrengend ist. Er nimmt mich mit in ein Angelgeschäft und kauft zwei Angelruten und alles, was dazugehört. Dann lässt er sich von mir den Weg zu einem Fluss weisen.

Dort angekommen, baut er die Ausrüstung zusammen und drückt mir eine Angel in die Hand. Ich verstehe das Ganze nicht. Angeln hat mich sowieso noch nie interessiert. Aber er besteht darauf, dass ich es mache. Linkshändig angeln geht nicht. Ich muss meine rechte Seite benutzen, außerdem ist es recht schwierig, am Ufer die Balance zu halten. Nach weniger als einer Stunde bin ich erschöpft vom Auf- und Ablaufen am Ufer.

Am Sonntagmorgen stehen Leo und Heidi früh auf und fahren ins nächste Tal zum Angeln. Ich bin froh; Heidi hat endlich mal Abwechslung und ich Ruhe von den Ratschlägen und Kritik. Als sie zurückkommen, beschließen Leo und ich, für ein paar Tage wegzufahren. Kann ich Heidi allein lassen? Sie soll arbeiten und ich durch die Gegend reisen? Darauf erwidert Leo, dass sie wohl besser dran ist, wenn ich ihr nicht dauernd im Weg bin. Heidi lacht und ich bin ein bisschen eingeschnappt.

Los geht's. Die erste Station, die ich geplant habe, ist etwa 50 Kilometer entfernt in Milawa. Wir machen Halt an einem Weingut und Leo kauft gleich eine ganze Kiste. Dann weiter Richtung Melbourne. Wir fahren bis nach Tallarook zu Geoff, rund 120 Kilometer nördlich von Melbourne.

Geoff ist ein Freund, eine der ersten Bekanntschaften, die ich gemacht habe, nachdem wir nach Australien gekommen sind. Vor ein paar Jahren habe ich zusammen mit ihm und einem anderen Freund eine Motorradtour in Deutschland unternommen. Ich habe den beiden den Kraichgau und etwas von den Alpen gezeigt. Mit Leo, bei dem die beiden übernachtet haben, waren wir drei Tage im Elsass. Geoff hat mich auch des Öfteren im Krankenhaus besucht, auch in dem Stadium, als ich noch niemanden wahrgenommen habe, und oft danach. Später kommt auch seine Partnerin Kerry und wir haben einen gemütlichen Abend zusammen. Obwohl mir von den Ärzten gesagt wurde, dass ich Alkohol während der ersten zwei Jahre nach dem Unfall meiden soll, genehmige ich mir ein Glas Wein. Die Ablenkung tut gut.

Am Tag zwei geht es frühmorgens los nach Melbourne zum Queen Victoria Market. Leo ist begeistert, was mich ein bisschen stolz macht, schließlich bin ich der Reiseführer. Danach geht es weiter Richtung Meer. Wir kommen bis Wonthaggi, wo wir in einem Motel einchecken. Dann Abendessen mit Blick aufs Meer. Romantisch, doch leider nicht die Gesellschaft für einen romantischen Abend ...

Am nächsten Tag fahren wir weiter am Meer entlang in Richtung Osten, Mittagessen in einem Fischerdorf, natürlich *Fish & Chips*. Leo scheint es zu schmecken. Ich bin sehr zufrieden, habe etwas erreicht – ich bin Reiseführer und dem „Kunden" gefällt es. Wir fahren nach Lakes Entrance, ein touristischer Ort, vor allem für Australier. Nachsaison, Leo steuert die Einfahrt des ersten Motels an, das ein „Zimmer frei"-Schild hat. Es sieht sehr anspruchsvoll aus. Bevor ich etwas sagen kann, ist er bereits an der Rezeption. Minuten später winkt er mit dem Schlüssel. Er hat eine Ferienwohnung im hinteren Teil des Motels mit Blick auf einen Seitenarm des Sees gemietet. Zuerst bin ich froh, denn seine Schnarcherei letzte Nacht war recht unangenehm, da ist mir die Ferienwohnung mit getrennten Schlafzimmern und einem Wohnzimmer dazwischen doch lieber.

Wir laden das Gepäck aus dem Auto und Leo geht außen am Haus die Treppe hoch zu unserem Domizil im zweiten Stock. Ich stehe auf dem Parkplatz mit meinen Sachen und er ist nicht mehr zu sehen. Irgendwie schleppe ich mich mit dem Gepäck auch nach und erreiche total erschöpft eine halbe Stunde später die Ferienwohnung. Ich sehe mich um. Der erste Gedanke sind die Kosten. Zu Hause ist das Geld knapp und ich schmeiße es hier zum Fenster raus.

Leo hat uns eine Tasse Tee gemacht, meine ist inzwischen leider kalt. Dann fragt er mich, warum ich nicht um Hilfe gebeten habe. Wortlos gehe ich in mein Zimmer und mache einen Mittagsschlaf.

Abends gehen wir an der Promenade entlang auf der Suche nach einem guten Abendessen. Wir entscheiden uns für ein schwimmendes Restaurant. Leo isst Moreton Bay Bugs als Vorspeise und lobt es über alles. Ich nehme das Billigste auf der Karte, obwohl Leo mich eingeladen hat. Noch einmal wird mir bewusst, dass ich kein Geld verdiene, Heidi zu Hause ist und nach dem Geschäft schaut und ich in der Gegend herumreise. Ich esse recht appetitlos vor mich hin.

Zurück in unserer Ferienwohnung, gehe ich unter dem Vorwand, müde zu sein, sofort zu Bett und liege lange wach. Ich denke an Heidi, das Geschäft, um das sie sich alleine kümmern muss, und daran, wie nutzlos ich bin. Nicht nur nutzlos, sondern auch eine Belastung, jetzt auch noch finanziell. Ich kämpfe mit den Tränen und schlafe irgendwann ein.

Am nächsten Morgen bitte ich Leo, mein Gepäck zum Auto zu bringen, und bald darauf fahren wir los. Die B500 direkt nach Hause über die Berge. Ich kenne fast jede Kurve, aber jetzt bin ich nur Beifahrer in einem Auto. Erinnerungen. Am frühen Nachmittag kommen wir nach Hause und Leo macht sich sofort an die Arbeit, das Abendessen zuzubereiten: Fisch, den er in Lakes Entrance bei der Genossenschaft gekauft hat. Heidi kommt von der Arbeit und wir essen gemeinsam. Ich ziehe mich bald darauf zurück. Liege im Bett und all diese Gedanken sind wieder da. Kein Einkommen, das Kochen klappt auch nicht mehr, wie es mal war. Sobald es komplex wird, verliere ich die Übersicht. Selbst einfache Gerichte zuzubereiten fällt mir immer noch schwer. Für was bin ich noch gut?

Viele Unterhaltungen mit Leo. Ich müsse lernen, um Hilfe zu fragen. Das ist natürlich schwierig, da ich das, seit ich etwa 16 Jahre alt war, nicht mehr gemacht habe. Wir kochen und unterhalten uns – über meine Launen und meinen Umgang mit Heidi. Darüber, wie ich meine Emotionen im Zaum halten kann und dass ich wieder lernen muss, mich auszudrücken, und nicht einfach auf stur schalte, wenn etwas nicht so geht, wie ich es will. Einige Tage später bringen wir Leo zum Flughafen und ich bin wieder allein zu Hause.

Hoffnung und Verzweiflung

Mehr und mehr werde ich mir meiner Situation bewusst. Bis vor Kurzem dachte ich noch, dass ich bald wieder bei der Arbeit bin und unser kleines Geschäft leite. Immer noch liegt alles an Heidi. Wenigstens gelingt es mir immer öfter zu kochen. Die finanzielle Situation ist nicht gut. Die Versicherung stellt sich mit der Lohnfortzahlung immer noch quer, will den Durchschnitt der letzten drei Monate vor dem Unfall bezahlen. Nach kurzer Selbstständigkeit ist das nicht sehr viel. Mein Argument, die Zahlung an dem zu bemessen, was ich vor der Selbstständigkeit verdient habe, wird nicht akzeptiert. Heidi macht mehr Umsatz denn je, aber da wir mehr Leute brauchen, bleibt nicht viel übrig. Ich muss zurück zur Arbeit, aber wenn ich hingehe, bin ich nach wenigen Minuten überfordert und kann komplexe Dinge nicht nachvollziehen. Theoretisch weiß ich alles, aber ich kann nichts erklären oder umsetzen. Physiotherapie, Ergotherapie, Psychologin, alles Sackgassen. Nichts scheint vorwärtszugehen. Noch immer rede ich mir ein, dass ich Verletzungen habe, die bald verheilt sind. Die Tatsache, dass ich eine Behinderung habe und das für den Rest meines Lebens, will ich mir nicht eingestehen.

Wenn ich morgens Physiotherapie habe, fahre ich mit Heidi in den Ort, verbringe ein paar Minuten bei der Arbeit und laufe dann zur Praxis, die etwa 500 Meter entfernt ist. Physiotherapie und zurück zum Geschäft. Das erste Mal bin ich ziemlich erledigt, aber die Tour wird zu einem guten Indikator dafür, dass ich Fortschritte mache. Dann setze ich mich an meinen Schreibtisch und warte auf den Krankentransport, um wieder nach Hause zu kommen. Während der Zeit des Wartens gebe ich gute Ratschläge und mische mich in Vorgänge ein, von denen ich nichts weiß. Zu Hause bin ich kaputt und hänge schwermütigen Gedanken nach.

Ich denke an Leos Ratschläge, und genau wie damals, als Natalie mir sagte, dass ich vielleicht bis Ostern wieder laufen kann, denke ich mir: „Dem werde ich es schon zeigen." Ostern ist erst nächste Woche. Alle sagen mir, dass ich so viel weiter gekommen bin, als sie je gedacht hätten. Aber mir geht es einfach nicht schnell genug. Als ich damals Natalie erwidert hatte, dass ich bis Weihnachten wieder laufen kann, dachte ich, dass bis Ostern die ganze Sache Geschichte sein würde.

Heidi ist bei der Arbeit, alles kommt wieder hoch. Ich gehe zur Garage, sehe mein Fahrrad. Ohne zu überlegen hole ich es raus. Umständlich steige ich auf; als ich treten will, findet der rechte Fuß zuerst das Pedal nicht. Ich schaue runter, hebe mit der Hand den Fuß drauf und los geht's. Tut das gut, alleine etwas geschafft zu haben! Froh gelaunt fahre ich die Straße hoch und runter.

Kurz nach Ostern sind es drei Monate, seit ich aus der Reha entlassen wurde. Ein Treffen bei uns zu Hause ist angesetzt, um meine Fortschritte zu besprechen. Ich berichte, dass mir alles viel zu langsam geht. Dann erzähle ich von der Fahrt mit dem Fahrrad und wie gut ich mich danach gefühlt habe. Alle schlagen die Hände über dem Kopf zusammen. Es wird geklärt, was in den nächsten drei Monaten unser Ziel sein soll. Marie, die Physiotherapeutin, teilt uns mit, dass es möglich wäre, eine Therapie im Wasser zu machen, und Kerry Ann sagt, sie werde das gerne arrangieren. Leah spricht wieder das geschlossene Heim in Albury an und legt mir nahe, dass ich es mir zumindest mal ansehen soll. Nach dem Treffen bleibt Kerry Ann zurück. Sie rät mir, auf den Vorschlag von Leah einzugehen und, um Guten willen zu zeigen, und eine Nacht im betreuten Wohnen zu verbringen. Ich stimme zu.

Die Tage werden kürzer und vor allem wird es kühler. Ich habe bereits das Feuerholz, das vom letzten Jahr übrig war, verheizt. Wir haben eine kleine Gasheizung, die wir bisher nur benutzt haben, um das Haus morgens ein wenig aufzuwärmen. Um das ganze Haus warm zu kriegen, ist sie nicht ausreichend. Wenn es kälter wird, bekommt die Gasheizung die Temperatur im Haus nur noch auf 17 bis 18 Grad. Die Heizperiode hat gerade erst begonnen und die erste Gasflasche ist schon leer. Früher waren wir immer ein paar Tage im Wald und haben Holz für unseren Ofen geholt; wurde das knapp, lud ich die Kettensäge auf den Pick-up und ein paar Stunden später hatten wir wieder genug für ein paar Wochen. Jetzt sitze ich zu Hause, die Gasheizung läuft den ganzen Tag und ich werde steifer und steifer, die Muskeln verkrampfen sich und alles tut weh. Jede Bewegung braucht unheimlich viel Energie.

Als ich an einem der Tage nach der Physiotherapie einige Stunden im Geschäft verbringe, fragt mich ein Stammkunde, Kevin Mc Pherson, wie viel Feuerholz ich noch auf Vorrat habe. Kevin wohnt mit seiner Frau nicht weit von uns weg und auch sein Sohn Stuart ist regelmäßig bei uns im Geschäft. „Keins", erwidere ich, und wie es seine Art ist, springt er mit einem raschen „Auf Wiedersehen" in sein Auto und fährt davon. Abends, als Heidi gerade kocht, sehe ich durchs Fenster, wie ein Pick-up unsere Einfahrt herunterfährt. Es ist fast dunkel und ich gehe raus auf die Veranda um zu schauen, wer es ist. Stuart springt aus dem Fahrzeug und fragt mich, wo er abladen soll. Erst jetzt sehe ich, dass sein Pick-up überladen ist mit Feuerholz, bestimmt zwei Kubikmeter. Am nächsten Abend das Gleiche, wieder ein Pick-up in der Einfahrt. Diesmal ist es Stuarts Bruder Mark. Er wohnt etwas mehr als 40 Kilometer von uns entfernt und betreibt dort eine Rinderfarm. Auch sein Pick-up ist randvoll und er hat noch einen Tandem-Anhänger hinten dran.

Das wird uns erst mal eine Zeit lang warmhalten.

Gabi ruft mal wieder an. Nachdem Heidi mit ihr gesprochen hat, sagt sie mir, dass sie uns besuchen will. Jetzt, da alle wichtigen Dinge nach Uwes Tod erledigt sind, muss sie mal raus. Ihr Sohn Felix wird im September eingeschult und dann wird sie so schnell keine Gelegenheit mehr haben, von zu Hause wegzukommen.

Einige Tage später ruft meine Mutter an. Auch sie will uns besuchen. Sie muss sich aufgrund ihrer Arbeit ebenfalls nach den Schulferien in Deutschland richten. Wir schlagen ihr vor, sie soll sich mit Gabi in Verbindung setzen. Eine Woche später hat Gabi alles gebucht. Ende Juli werden sie und Felix sowie meine Mutter und meine Tochter Lisa für ein paar Wochen zu uns kommen. Ich freue mich, habe ich sie ja seit drei Jahren nicht mehr gesehen. Vor unserer Selbstständigkeit war ich innerhalb von zwei Jahren dreimal in Deutschland. Heidi hat Gabi seit ihrem letzten Besuch in Deutschland im Jahr 2000 auch nicht mehr gesehen.

Diese Nachrichten geben mir neue Motivation. Ich muss selbstständiger werden.

Ich rufe Kerry Ann an und sage ihr, dass ich der Meinung bin, dass ich wieder Auto fahren kann. Sie sagt mir, ich müsse zunächst einen Test machen und sie werde alles organisieren. Zuerst muss ich zum Arzt. Der prüft, ob mein Bein stark genug ist, die Bremse zu betätigen. Einige Tage später kommt eine Ergotherapeutin zu uns nach Hause. Sie kommt mit einem Fahrschulauto samt Fahrlehrer. Nach einer kurzen Begrüßung sagt sie mir, dass ich nach Myrtleford fahren soll. Sie setzt sich auf die Rückbank und der Fahrlehrer auf den Beifahrersitz. Ich habe mich vorbereitet. Bevor ich den Motor starte, verstelle ich den Sitz und die Spiegel. Im Rückspiegel sehe ich, wie die Ergotherapeutin etwas notiert. Ich konzentriere mich und fahre los. Die beiden Passagiere unterhalten sich angeregt, aber ich lasse mich nicht ablenken. Nach 20 Kilometern in Myrtleford angekommen, gibt sie Anweisung: links ab, die Nächste rechts usw. In einem Wohngebiet sagt sie, ich soll jetzt zu unserer Firma fahren. Wo bin ich, irgendwo in einem Wohngebiet, in dem ich vorher noch nie war. Genau aufgepasst habe ich auch nicht, da ich durch die Anweisungen „nächste links, zweite rechts“ genug mit Fahren beschäftigt war. Ich fahre erst mal links ran. Kehrtwendung und zurück zur nächsten Hauptstraße, wo ich mich wieder auskenne, dann zu unserem Geschäft. Ich halte davor an und bekomme die Anweisung, wieder nach Hause zu fahren. Dort steigen wir alle aus und die Ergotherapeutin sagt mir, das sei alles sehr gut gewesen und ich könne jetzt von zu Hause bis Myrtleford fahren. Nachdem die beiden weg sind, rufe ich erst mal Heidi an. Ich bin wieder etwas unabhängiger, und ich freue mich fast so wie damals, als ich mit 16 Jahren meinen Führerschein fürs Moped bekommen habe. Nein, mehr, denn damals wusste ich ja noch nicht, wie es ist, unabhängig zu sein.

Der Winter hat Einzug gehalten. Die Tage sind kurz und ich sitze oft zu Hause und denke nach. Heidi hat mehr Arbeit denn je. Ich denke ans heimatliche Peter-und-Paul-Fest. 500 Jahre – und es wäre mein 20. Jubiläum als Teilnehmer. Drei Jahre ist es her, seit ich das letzte Mal in Deutschland war und damals auch teilgenommen habe. Eigentlich wollte ich zu diesem Anlass mal wieder in Bretten sein. Aber ich bin ja nicht mal zu mehr in der Lage als in den Ort zu fahren. Mir ist gar nicht nach feiern zumute.

An einem regnerischen Abend Ende Juli fahren wir nach der Arbeit nach Melbourne, um Gabi, Felix, meine Mutter und Lisa abzuholen. Da der Flug erst sehr spät ankommt, gehen wir noch zu Vicky und Michelle und ruhen uns von der Fahrt aus. Erst weit nach Mitternacht kommen wir wieder nach Hause. Im Haus ist es kalt, und so sitzen wir alle bei einer Tasse Tee zusammen und reden bis früh in den Morgen. Als ich aufwache, ist Heidi bereits bei der Arbeit. Die Besucher schlafen noch und ich schleiche mich auch aus dem Haus. Ich mache ein paar Einkäufe, schaue bei Heidi im Geschäft vorbei und fahre wieder nach Hause.

Inzwischen sind alle wach und wir frühstücken zusammen. Meine Mutter und Gabi erledigen in den nächsten Wochen den Haushalt und ich verbringe Zeit mit Lisa und Felix. Jeder Wunsch wird mir von den Lippen abgelesen und schon bald werde ich der Bemutterung müde. Mehr und mehr habe ich das Gefühl, behindert zu sein. Nichts kann ich selber machen, sobald ich mich bewege, werde ich gefragt, was ich möchte. Ich bekomme das Gefühl, dass ich rückwärts gehe, meine, dass ich nicht gebraucht werde. Lisa kommt mit mir mit, wenn ich zur Physiotherapie gehe. Inzwischen darf ich ja selber fahren und brauche den Krankentransport nicht mehr. Lisa feuert mich an und ist sehr intensiv dabei. Seit einigen Wochen habe ich auch Physiotherapie in einem Bewegungspool. Auch hier geht Lisa mit und spornt mich an und lobt mich, wie viel besser ich geworden sei, seit sie hier eingetroffen ist.

Über ein Wochenende fahren wir alle zusammen nach Phillip Island. Dort hat ein Kunde von uns ein Ferienhaus direkt am Meer und er hat uns angeboten, ein paar Tage dort zu verbringen.

Die Abwechslung tut uns allen gut. Spaziergänge am Strand im Winter habe ich schon immer gerne gemacht. Und Heidi hat ein paar Tage, an denen sie sich um nichts kümmern muss.

Auf dem Heimweg setzen wir die Besucher in einem Hotel in Melbourne ab, damit sie sich die Stadt ansehen können.

Nachdem sie wieder bei uns sind, machen sich meine Mutter und Gabi daran, das Nachbargebäude zu reinigen. Wir hatten das Haus erst kurz vor meinem Unfall übernommen und seitdem ging nichts mehr vorwärts. Bald ist es in einem Zustand, dass wir Handwerker kommen lassen können, um Angebote für die Renovierung einzuholen.

Als wir unsere Gäste wieder zum Flughafen fahren, halten wir an einer Raststätte in der Nähe von Tallarook an und tanken. Währenddessen hält ein Fahrzeug neben uns. Es ist Geoff. Seit ich vor einigen Monaten mit Leo bei ihm abgereist bin, hatten wir keinen Kontakt mehr. Er fragt, wie es geht, und unterhält sich mit Heidi, während ich bezahle.

Der Abschied fällt schwer.

Auf dem Flughafen stehe ich mit Lisa in einer ruhigen Ecke. Sie drückt mich, keiner von uns beiden spricht.

Wieder alleine zu Hause. Ich gehe immer öfter ins Geschäft. Nicht, dass ich viel beitragen kann, aber ich bin da und nicht alleine zu Hause. Es ist Frühling und alles ist am Wachsen. Unser Grundstück wird wieder mehr und mehr von der Natur übernommen und ich sitze auf der Terrasse und sehe zu, wie alles überwuchert, und kann nichts dagegen tun. Also laufe ich davon, zur Arbeit. Die Depressionen kommen noch immer regelmäßig, jetzt, da es Frühjahr wird und ich die ganze Arbeit im Garten sehe, wird es noch schwieriger.

Einige Wochen nachdem wir Geoff an der Tankstelle getroffen haben, ruft er bei uns an und teilt uns mit, dass er für ein paar Tage vorbeikommen wird. Zwei Tage später ist er da. Wir essen zusammen und er erkundigt sich nach der Firma. Am nächsten Morgen geht er mit Heidi zur Arbeit. Er erledigt einige Dinge nach ihrer Anweisung und macht sich ziemlich nützlich. Über die nächsten Monate kommt er regelmäßig Mittwoch- oder Donnerstagabend vorbei, hilft im Geschäft und versorgt unsere Leute mit Arbeit. Heidi ist etwas entlastet und abends besprechen wir uns zu Hause. Ich bin noch immer oft brüsk ihr gegenüber, aber wenigstens die lauten Anweisungen halten sich in Grenzen.

Der Termin für den Aufenthalt im betreuten Wohnen naht. Ich werde morgens zu Hause abgeholt. Wir haben uns darauf geeinigt, dass ich eine Nacht dort verbringe und Leute vorbeikommen, die Tests mit mir machen, einen IQ- sowie neurologische Tests. Etwas über eine Stunde dauert die Fahrt nach Albury. Je näher wir kommen, desto stiller werde ich. Als wir ankommen, ist nur eine Person da, die mich begrüßt und mir mein Zimmer zeigt. Das Ganze ist ein großes Wohnhaus in einem Wohngebiet. Ein sehr großer offener Wohn-Ess-Bereich, der auch zur Küche hin offen ist. Das gefällt mir recht gut. Von diesem Bereich weisen einige Flure in verschiedene Richtungen. Wir laufen sie entlang und mir wird mein Zimmer gezeigt. Ich habe Schwierigkeiten einzutreten und dann, als ich reinschaue, sieht es aus wie mein Zimmer im Krankenhaus, in dem ich drei Monate verbracht habe. Panik steigt in mir auf. Angst, dass ich hier nicht mehr rauskomme. Ich versuche, mich selbst zu überzeugen, indem ich mir sage, dass es schließlich schriftlich festgehalten ist, dass es nur für eine Nacht ist. Nachmittags werden die Tests durchgeführt. Ich muss kleine Puzzles machen oder verschiedenfarbige Würfel sortieren.

Die verschiedenen Tests bestätigen die Probleme, die ich aufgrund des Traumas habe. Und es sind nur kleine Fortschritte seit der Entlassung aus dem Krankenhaus zu sehen.

Die größten Probleme habe ich dabei, etwas zu planen und zu koordinieren, etwas richtig in die Hand zu nehmen und beim Wahrnehmen und Erkennen von Objekten.

Ich habe einige Gegenstände vor mir auf dem Tisch. Ich konzentriere mich auf einen Gegenstand, drehe mich um und wenn ich wieder auf den Tisch sehe, muss ich alle Objekte ansehen, um das richtige wiederzufinden. Ein Puzzleteil so zu drehen, dass es passt, gelingt mir gar nicht, auch wenn ich weiß, wo es hingehört. Die körperlichen Behinderungen werden nicht angesprochen.

Als ich am nächsten Tag abgeholt werde, bin ich sehr erleichtert. Der Oktober kommt, ein Jahr seit dem Unfall. Irgendwie meine ich wieder, es geht nichts mehr vorwärts. Physio, Psychologin. Vor einem Jahr, als ich aufgewacht bin, dachte ich noch, „gebrochener Fuß, bald ist alles wieder so, wie es war".

Wenn ich nachdenke und sehe, dass ich immer noch nicht in der Lage bin, eine kleine Firma zu führen, ja noch nicht mal einen Tag, geschweige denn eine Woche lang arbeiten kann, bricht wieder alles über mich herein. Was für ein Glück, dass Cherie immer noch alle zwei Wochen kommt.

Ein Jahr danach

Ich muss zurück ins Epworth Hospital, weil mein Zustand begutachtet werden soll. Wir fahren am Tag zuvor und übernachten bei Richard und Barbara. Von hier ist es nur eine knappe Stunde bis zum Krankenhaus. Wir verbringen einen ruhigen Abend und gehen früh zu Bett. Am nächsten Morgen fahren wir Richtung Innenstadt. Wir haben beschlossen, dass wir bis zu einem Vorort von Melbourne fahren, das Auto dort an einer Straßenbahnstelle abstellen und dann den Rest der Strecke mit der Tram zurücklegen. Um zum Krankenhaus zu kommen, müssen wir zunächst zum Hauptbahnhof, der Melbourne Southern Cross Station. Ich steige aus dem Zug und bin überwältigt von der Menschenmenge. Dann wohin? Ich habe überhaupt keine Orientierung, obwohl ich schon hunderte Male in der Gegend war. Heidi sagt, wo wir entlang müssen, aber natürlich bezweifle ich das, obwohl ich überhaupt keine Ahnung habe, wo wir sind. Zielstrebig schiebt sie mich vor sich her, aus dem Bahnhof hinaus auf die Straße zur Straßenbahnhaltestelle. Ich behaupte, das Krankenhaus liege in der anderen Richtung und wir stünden auf der falschen Seite. Mit der Richtung habe ich recht, aber heute habe ich plötzlich vergessen, dass der Verkehr ja auf der anderen Seite als in Deutschland fährt. Irgendwie schafft es Heidi, mich ins Krankenhaus zu bringen. Nach der Besprechung gehen wir noch auf die Station, in der ich drei Monate verbracht habe, und auch im Reha-Zentrum über der Straße schauen wir vorbei, um all die Leute zu sehen, die mit mir gearbeitet haben. Alle machen mir Komplimente, wie viel besser ich geworden sei. Danach bin ich total erschöpft, sodass es für Heidi leichter ist, mich mit S-Bahn und Zug zum Auto und dann nach Hause zu bringen, da ich nicht dauernd mit ihr herumstreite.

Es ist November und aufgrund eines Feiertags am kommenden Montag ein langes Wochenende. Heidi kommt von der Arbeit nach Hause und sagt mir, Gina, eine Bekannte von ihr, sei im Laden gewesen. Sie und ihr Mann Peter werden am Wochenende zu Bekannten fahren, die ein sehr großes Grundstück haben, um dort mit ihren Enduros zu fahren – auf dem Grundstück haben diese Freunde mehrere Enduro-Strecken mit bis zu 13 Kilometern Länge angelegt. Wir sind eingeladen mitzukommen. Samstag nach Feierabend laden wir Heidis WR 250 auf den Anhänger und brechen auf. Als wir zwei Stunden später dort ankommen, haben sich einige Leute bereits ausgetobt und stehen mit Bier in der Hand um ein Lagerfeuer. Ich wusste nicht, dass so viele Leute, etwa 25, dort sein würden. Ein Glück, dass Peter sein Zelt recht weit am Rande der Lichtung aufgebaut hat. Heidi stellt unser Zelt zusammen mit ihm daneben auf. Am nächsten Tag geht sie mit all den anderen auf Tour. Nach jeder Runde kommt sie zu unserem Zelt, um nach mir zu sehen. Ich sitze in meinem Campingstuhl und bin glücklich zu sehen, dass sie Spaß hat und, wie es scheint, die Sorgen um mich und das Geschäft für den Moment vergessen hat. Abends geht es hoch her am Lagerfeuer. Wir ziehen uns schon sehr früh zurück.

Am Morgen fragt mich Peter, ob ich nicht eine kleine Runde mit ihm drehen will. Auf die Antwort, dass ich meine Kleidung nicht dabei habe, öffnet Heidi eine Tasche: alles drin, mein Helm, die Brille, Handschuhe, Hose und Knieschützer sowie Stiefel.

Zuerst weiß ich nicht so recht. Peter redet mit mir. Ich war schon oft mit ihm Enduro fahren. Er weiß die Fähigkeiten seines Mitfahrers sehr schnell einzuschätzen und fährt nie Strecken, die seine Begleiter überfordern. Ich fange an, mich anzuziehen. Das geht soweit, bis ich zu den Stiefeln komme. Ich kann mich nicht genug nach vorne beugen, um die Verschlüsse zu erreichen. Heidi übernimmt das für mich. Dann der Helm, eigentlich recht einfach, aber die Finger an der rechten Hand sind noch immer nicht so gut und ich kann den Kinnriemen nicht einfädeln. Gina und Heidi sind da und helfen mir. Ich komme mir vor wie ein Formel-1-Fahrer, als mir der Helm aufgesetzt wird und die beiden alles checken. Ich kann mich nicht alleine anziehen und will Motorrad fahren? Dann die Handschuhe. Das klappt überhaupt nicht. Kein Gefühl in der rechten Hand und schon gar nicht in den Fingern. Es dauert ewig, bis ich den richtigen Finger im richtigen Loch habe. Alle sind geduldig, außer mir. Los geht's. Ich trau mich nicht, am Gas zu drehen, aus Angst, dass das rechte Handgelenk schwach wird und ich Vollgas gebe. Aber es klappt. Peter ist sehr geduldig, hält bei jedem Hindernis an und erklärt mir, wie ich es angehen soll.

Unsere Runde, die wir fahren, ist knapp 6 Kilometer lang. Ich fahre über kleine Baumstämme und durch kleine Bachläufe und komme erschöpft zurück. Ein Jahr ist es her, dass ich nach dem Unfall wieder aufgewacht bin und eine der ersten Sachen, die man mir gesagt hat, war, dass ich wahrscheinlich den Rest meines Lebens im Rollstuhl verbringen werde.

Als wir zurückkommen, hat Heidi bereits das Zelt abgebaut und alles verstaut. Ich wechsle mit ihrer Hilfe meine Kleidung und nachdem wir das Motorrad aufgeladen haben, machen wir uns auf den Weg nach Hause. Ein Jahr und zwei Wochen sind vergangen, seit ich den Unfall hatte – und ich bin wieder Motorrad gefahren. Heidi hatte ebenfalls ein schönes Wochenende. Glücklich fahren wir nach Hause.

Endlich wieder Motivation. Mit mehr Elan denn je gehe ich zurück zur Physiotherapie.

Kerry Ann teilt uns mit, dass sie jemanden schicken will, der mir dabei helfen soll, dass ich langsam zur Arbeit zurückkommen kann. Mitte Januar soll es losgehen. Ich bin schon öfter im Geschäft, aber jetzt soll ein Therapeut, der sich auf die Rückkehr zur Arbeit spezialisiert hat, helfen.

Weihnachten fahren wir wieder nach Bendigo zu Heidis Familie. Ich bin ganz aufgeregt und erzähle allen, dass ich in ein paar Wochen offiziell wieder zur Arbeit gehen werde.

Der Therapeut heißt Jonathan. Ich zeige ihm bei seinem ersten Besuch das Geschäft und erkläre ihm die Abläufe. Während der nächsten Wochen kommt er regelmäßig vorbei und wir besprechen, was ich machen kann und was unsere Ziele sind. Ich kann alles erklären, aber es umzusetzen gelingt mir nicht ansatzweise. Ich kann mich schlecht und immer nur auf eine Sache konzentrieren, und wenn ich unterbrochen werde, verliere ich den Faden und starre nur noch vor mich hin. Menschen zuzuhören geht auch nur für zwei, drei Sätze und dann weiß ich schon nicht mehr, worum es geht. Schon nach kurzer Zeit bin ich ermüdet, als hätte ich gerade einen Marathon hinter mich gebracht, und für den Rest des Tages bin ich erledigt. Jonathans Bericht, den er nach einem Monat schreibt, ist für mich niederschmetternd. Laut seiner Beurteilung sieht er keine Chance, dass es mir jemals möglich sein wird, wieder zu arbeiten. Er rät daher, das Programm nicht fortzuführen. Trotzdem gehe ich weiterhin regelmäßig für ein paar Stunden am Tag ins Geschäft. Meistens unterhalte ich mich mit Kunden, damit Heidi sich auf ihre Arbeit konzentrieren kann. Ich gebe die Angelegenheiten immer schnell weiter und damit ist mein Pensum erledigt. Wenn es dann aber nicht gemacht wird, werde ich schnell ärgerlich und höre Argumenten, warum es nicht erledigt ist, nicht zu. Ab und zu, wenn es ruhig ist, geht Heidi vor mir nach Hause. Ich bin guter Stimmung, aber ich kann die kleinsten Probleme nicht bewältigen. Dann komme ich eine halbe Stunde nach ihr heim und bin schlechter Laune.

Vor einem Jahr wusste sie nicht, wie ich bin, wenn sie nach Hause kommt, und jetzt ist sie zu Hause und weiß nicht, in welcher Laune ich komme. Die Stimmungsschwankungen sind enorm und passieren innerhalb von Sekunden. Ich laufe nach Feierabend durchs Geschäft und sehe eine Kleinigkeit, die mir nicht passt, und werde rasend. Immer bekommt Heidi alles ab.

Der Verkauf

April 2005

18 Monate nach dem Unfall. Wir erhalten Post. Ich muss nach Melbourne. Kerry Ann hatte uns das bereits angekündigt – eineinhalb Jahre nach dem Unfall werde ich beurteilt. Zehn Termine mit verschiedenen Spezialisten.

Kerry Ann teilt die Termine auf zwei Klinikbesuche auf, jeweils Montag und Dienstag. Sie bucht uns ein Hotel in Melbourne. Alleine kann ich ja nicht gehen und durch die Aufteilung ist es einfacher für Heidi, die schließlich auch im Geschäft sein muss. Die bevorstehenden Untersuchungen machen mir sehr zu schaffen. Die Großstadt, die vielen Menschen, das Schlimmste ist das Autofahren. Heidi war schon immer eine defensive Fahrerin, aber jedes Mal wenn ein Auto aus einer Seitenstraße kommt, zucke ich zusammen. Orientierung aussichtslos, zweimal abbiegen und ich bin verloren.

Einige Wochen nach diesen Terminen wieder Post.

Nun ist es offiziell, meine Behinderung wird auf über 50 Prozent eingestuft. Ich lese die Gutachten der Ärzte, die wir gesehen haben, mehrere Male. Es wird mir langsam klar, dass ich nicht mehr so funktionieren werde wie vor knapp zwei Jahren. Es ist ernüchternd, was ich lese, und es fällt mir schwer, es zu akzeptieren.

Nach ein paar weiteren Tagen sitzen wir zusammen und lesen die Berichte nochmals. Ich will es noch immer nicht wahrhaben, aber ich sage Heidi, dass ich erwäge, die Firma zu verkaufen. Als ich die Erleichterung in ihrem Gesicht sehe, wird ein Entschluss daraus. Noch deutlicher als zuvor wird mir klar, was sie in den letzten, inzwischen fast zwei Jahren durchgemacht hat.

Wir schreiben das Geschäft zum Verkauf aus.

Kurz nach dieser Entscheidung gehe ich nach meiner Physiotherapie, die ich jetzt nur noch einmal pro Woche habe, ins Geschäft und bringe Heidi etwas zum Mittagessen. Als wir gerade zusammensitzen, betritt plötzlich Natalie den Laden; Physio-Natalie vom Epworth-Krankenhaus. Sie sei auf der Durchreise, zurück vom Skiurlaub mit ihrem Freund. Wir laden die beiden die Straße hinunter ins Café ein. Wir unterhalten uns angeregt und ihr Freund, der arme Kerl, sitzt nur da und kommt nicht zu Wort. Wir sprechen über meine Reha und machen Späße über die kleinen Episoden, die ich dort erlebt habe. Sie sagt mir, es sei toll gewesen, mit mir zusammenzuarbeiten. Sie macht mir Komplimente, wie weit ich es geschafft habe. Als ich erzähle, dass wir das Geschäft verkaufen, stimmt sie mir zu, dass das die richtige Entscheidung war. Dann gesteht Natalie, dass sie eigentlich nie gedacht hätte, dass ich überhaupt wieder arbeiten würde, und dass sie erstaunt sei, dass ich so weit gekommen bin.

Bereits nach ein paar Wochen findet sich ein Interessent für unseren Laden. Nach einem Tag der Überlegung und Verhandlung sind wir uns einig und die Verträge werden vorbereitet. Nach einer weiteren Woche ist alles unter Dach und Fach; zum Jahreswechsel soll die Übergabe stattfinden. Heidi lebt auf. Ich mache mir Sorgen, denn ich weiß nicht so recht, was ich mit mir anfangen soll. Kurz darauf spricht Heidi mit unserer Nachbarin und erzählt ihr vom Verkauf. Sie fragt Heidi, was sie vorhat, und erzählt ihr, dass in einem Landschulheim in der Nähe Mitarbeiter gesucht werden. Heidi ruft gleich an und bereits am nächsten Tag hat sie ein Vorstellungsgespräch. Das Landschulheim hat über 120 Betten und einen Klettergarten – und tatsächlich wird Heidi eingestellt, um die Kids zu betreuen. Hocherfreut kommt sie nach Hause.

Für Oktober haben sich Besucher aus Deutschland angekündigt: Meine Cousine Marion und ihr Mann Uli, mit dem ich früher in Deutschland oft Motorradfahren war, kommen für ein paar Tage. Auch Marions Eltern, meine Tante Gretel und Onkel Hans sind dabei. Eine tolle Zeit.

Wir verbringen großartige Abende. Jetzt, da die Verträge für den Verkauf unter Dach und Fach sind, ist Heidi viel entspannter. Ich gehe tagsüber noch in die Firma. Heidi arbeitet bereits Teilzeit im Landschulheim. Nach der Arbeit treffen wir uns im Laden, wo sie noch jede Menge Dinge für eine reibungslose Übergabe des Geschäfts erledigt. Onkel Hans und Uli arbeiten viel im Garten. Was uns viel abnimmt, vor allem jetzt im Frühjahr, wo alles wächst und gedeiht und außerdem das Grundstück für die Waldbrandsaison vorbereitet werden muss.

Nachdem die Besucher abgereist sind, beschließen wir sogleich, dass wir im kommenden Jahr nach Deutschland reisen werden und buchen Flüge für Ende Mai.

Dezember 2005

Anfang Dezember kommt ein Geschäftspartner von Klaus zu Besuch. Wir haben ihm ein Motorrad besorgt. Er verbringt zwei Tage bei uns und zieht danach los, um die Gegend zu erkunden. Dieses Jahr haben sich noch einige andere Besucher angemeldet und so beschließen wir, Weihnachten mit ihnen zu Hause zu verbringen und nicht wie sonst zu Heidis Vater und Schwester mit Familie zu fahren. Heidis Vater wird am 30. Dezember 80 Jahre alt und wir wollten zu diesem Anlass nach Bendigo.

Mein Freund Paul aus Knittlingen kommt kurz vor Weihnachten mit seiner Frau Susi und den Zwillingen Eva und Paul junior. Oli kommt von seiner Reise mit dem Motorrad zurück. Und auch Richard und Barbara mit ihren Söhnen sind gekommen. Full house, die Stimmung ist gut. Wir erzählen unseren Besuchern, dass wir bald nach Deutschland kommen werden, und diskutieren, was die beste Möglichkeit wäre, ein wenig von der näheren Umgebung meiner Heimatstadt zu sehen. Heidi will nicht unbedingt Auto fahren und für mich kommt das schon gar nicht infrage. Hier darf ich ja nur 20 Kilometer um Myrtleford herum fahren und oft bin ich schon damit überfordert. Zug und Bus liegen nahe. Irgendwie kommen wir auf das Thema Roller. Wenigstens wären wir mit zwei kleinen Rollern unabhängig und könnten kleine Ausflüge im Kraichgau machen und hätten, meiner Kondition entsprechend, eine größere Reichweite als mit Fahrrädern.

Wir verbringen ruhige Weihnachten und die Zwillinge genießen es, draußen auf der Veranda zu spielen. An Heiligabend stellen die beiden fest, dass der Weihnachtsbaum fehlt. Ich setze mich in meinen Pick-up und fahre mit Paul zu einer Tannenschonung in der Nähe unseres Hauses. Nach weniger als einer halben Stunde sind wir zurück mit dem Baum. Die beiden freuen sich riesig, und als Heidi dann auch noch Christbaumschmuck hervorholt, sind sie den ganzen Nachmittag damit beschäftigt, den Baum zu schmücken.

Nach den Feiertagen verabschieden sich die Besucher nach und nach. Als am 30. Dezember auch Susi und Paul mit den Zwillingen weiterreisen, brechen wir auf nach Bendigo. Als wir am späten Nachmittag dort eintreffen, sind bereits einige Gäste da. Heidis Cousins aus Sydney und Brisbane mit Familien. Heidis Schwager Tom hat bereits alles vorbereitet, um die Gäste zu bewirten, die nach und nach eintreffen. Es war ein heißer Tag, am späten Abend hat es noch immer 40 Grad. Und es wird ein langer Abend. Am nächsten Tag wache ich morgens auf und gehe in die Küche, um mir eine Tasse Tee zu machen.

Bereits seit einer Stunde habe ich wach gelegen mit all den Gedanken, was die Zukunft wohl bringen wird. Die Übergabe der Firma an den neuen Besitzer ist fast abgeschlossen. Was werde ich dann tun, frage ich mich. Thomas hat das ganze Fest für George organisiert, ich habe mal wieder nur dabeigestanden. Ich fühle mich miserabel, will niemanden sehen und verkrieche mich den ganzen Tag lang in unserem Schlafzimmer. Die Angst vor dem neuen Jahr, all die Veränderungen überwältigen mich.

Die vielen Gäste gestern Abend, und immer wieder die gleiche Frage. „Was machst du denn jetzt?" Die Depressionen sind wieder da. Den ganzen Tag geht das so. Das Haus von Tom und Stephanie ist immer noch voll. Ihre Cousine Heidi mit ihrem Mann Klaus aus Sydney und ihr Cousin Fred und seine Frau Alison aus der Nähe von Brisbane sind noch da. Familien, die ich schon lange kenne. Trotzdem verkrieche ich mich in meinem Zimmer. Erst am Abend kann ich mich überwinden, unser Zimmer zu verlassen und mit den Verwandten auf das neue Jahr anzustoßen, vor dem ich Angst habe.

Von einem Moment auf den anderen sind diese Ängste wie weggeblasen.

Neues Selbstvertrauen

Jahresbeginn 2006

Das neue Jahr ist da. Die Firma ist übergeben. Ich lasse mich noch regelmäßig blicken, um dem neuen Besitzer zu helfen. Die Zeit, die ich im Geschäft verbringe, wird aber immer kürzer und die Abstände dazwischen größer und bereits nach kurzer Zeit schau ich nur noch auf einen Kaffee vorbei. Schon bald habe ich mich daran gewöhnt, dass ich keine Verpflichtungen mehr habe.

Ich kümmere mich mehr und mehr um Dinge zu Hause und alles scheint viel besser zu klappen. Immer häufiger koche ich und auch das geht mir inzwischen leichter von der Hand. Es fällt mir zwar immer noch schwer, ein Messer zu benutzen oder größere Gerichte zuzubereiten, doch der Ablauf funktioniert wieder automatischer und ich muss während des Kochens zumindest nicht mehr ausruhen oder Heidi bitten, für mich weiterzumachen. Auch die Ausdauer wird besser. Ich muss aber noch immer ziemlich genau auf meine Hand sehen, damit die auch macht, was ich will.

Ausgehen fällt mir immer noch schwer. Wir sind zu einem Geburtstag eingeladen. Wie immer suche ich mir eine stille Ecke und stehe oft mit dem Rücken zur Wand. Ich fühle mich unwohl wegen der vielen Menschen. Bewegen will ich mich bei solchen Anlässen schon gar nicht. Ich werde immer unsicherer. Wenn jemand auf mich zukommt und mir zur Begrüßung die Hand schütteln will, ist mir das unangenehm. Sehe ich der Person in die Augen, greift meine Hand ins Leere. Blicke ich dann auf meine Hand, ist mir das erst recht peinlich. Wenn ich mich ein paar Meter aus meiner Ecke heraus wage, stolpere ich meistens oder das Knie auf meiner rechten Seite klappt zusammen, weil ich unkonzentriert bin. Ich habe das Gefühl, dass alle auf mich starren und denken, ich sei besoffen. Ich will dann sofort nach Hause. Dann gehen die Gedanken im Kreis: Habe ich den angesprochen oder jenen gegrüßt? Nach solchen Erlebnissen will ich tagelang nicht das Haus verlassen.

Ein früherer Kunde und Freund kommt oft vorbei, um mir zu helfen oder etwas mit mir zu unternehmen. Als er anruft und ankündigt, dass er mit dem Motorrad vorbeikommen wird, gehe ich in die Garage, wo meine alte Moto Guzzi steht, die ich aus Deutschland mitgebracht habe. Ich schau sie an und drehe den Schlüssel, die Batterie hat noch Ladung. Ich drehe die Benzinhähne auf, drehe am Gas. Dann drücke ich auf den Starterknopf. Zu meiner Überraschung startet sie nach ein paar Umdrehungen des Anlassers.

Als Steve eintrifft, habe ich bereits alle Spinnweben entfernt. Er sieht mich in der Garage und das Erste, was er fragt, ist, ob ich den Reifendruck kontrolliert habe. Während er das macht, ziehe ich mich um. Er fragt mich, ob ich sicher sei mit dem, was ich da vorhabe. Ich bin ja bereits regelmäßig mit meiner Enduro im Wald unterwegs gewesen, aber jetzt auf die Straße und am Verkehr teilnehmen, das ist nochmal etwas anderes. Das Gefühl in der rechten Hand ist immer noch nicht da und ich muss noch immer auf die Finger sehen, damit ich weiß, wo ich hingreife.

Wir fahren los. Fast 200.000 Kilometer habe ich mit meiner Guzzi schon zurückgelegt und jetzt fühlt es sich an, als ob ich das erste Mal damit fahre. Aber es funktioniert besser als gedacht. Wir fahren gemütlich etwas mehr als eine Stunde lang durch die Gegend. Ein großartiges Gefühl.

Die Flüge nach Deutschland sind gebucht, aber mein Reisepass ist abgelaufen. Wir müssen nach Melbourne aufs Konsulat, um einen neuen anfertigen zu lassen. Wir übernachten mal wieder bei Barbara und Richard und fahren am nächsten Morgen die restlichen 100 Kilometer nach Melbourne. Diesmal bin ich nicht ganz so schreckhaft wie noch vor einem halben Jahr, als wir das letzte Mal dort waren. Habe keine Panik, wenn wir an eine große Kreuzung kommen, und rede nicht dauernd auf Heidi ein, die ja noch immer alles fahren muss.

Als wir wieder zu Hause sind, rufe ich Kerrie Ann an und frage, ob es möglich ist, die Beschränkung aufzuheben, die ich für das Autofahren habe. Es sind jetzt bald eineinhalb Jahre vergangen seit dem Test und die Begrenzung, nur bis nach Myrtleford zu fahren, ist noch immer in Kraft. Bisher habe ich mir zwar auch nicht zugetraut weiter zu fahren, aber jetzt auf einmal habe ich das nötige Selbstvertrauen. Überhaupt scheint es mir leichter von der Hand zu gehen. Der Test verläuft ohne Probleme und kurz vor Ostern darf ich wieder Auto fahren, wohin ich will. Als mein neuer Führerschein per Post eintrifft, sieht er genau so aus wie der alte, keine Beschränkungen. Als Heidi ihn ansieht, fragt sie mich, ob denn während des Tests auch jemand den Motorradführerschein erwähnt hätte, da dieser ebenfalls aufgeführt ist. Ich verneine das mit der Bemerkung, dass sie bestimmt nicht gedacht haben, dass ich jemals wieder ein Motorrad besteigen werde. Sie lacht.

An Ostern fahren wir nach Bendigo, um Heidis Familie zu besuchen, und nach etwas mehr als der halben Strecke fahre ich den Rest des Wegs. Heidi sitzt daneben und ich glaube, wir hatten beide schwitzige Hände vor Aufregung und Anspannung.

Abends sitzen wir entspannt und bei bester Stimmung beisammen wie schon lange nicht mehr. Heidis Schwester umsorgt mich so, wie es früher ihre Mutter gemacht hat. Normalerweise mag ich das gar nicht, aber heute genieße ich es, erschöpft wie ich bin nach gerade mal 100 Kilometern, die ich gefahren bin. Ich sitze faul in meinem tiefen Sessel und sie bringt mir ein Glas Rotwein. Gerade als ich den ersten Schluck nehmen will, hüpft die Katze von Megan auf die Rückenlehne des Sessels. Ich zucke zusammen und mit einem Ruck schütte ich mir den ganzen Rotwein ins Gesicht. Alle lachen. Am liebsten würde ich mich verkriechen.

Mit der Versicherung geht es nicht vorwärts. Ich habe mehrmals mit dem örtlichen Anwaltsbüro gesprochen, aber man hat mir nicht viel Hoffnung auf Erfolg gemacht. Jetzt habe ich etwas mehr Zeit, außerdem sind es nur noch wenige Wochen, bis die Einspruchsfrist beendet ist. Ein Kunde aus Melbourne hat mich schon einige Male darauf hingewiesen, dass ich mir einen guten Anwalt dort nehmen soll, und mir auch eine Adresse gegeben. Ich rufe an und schildere meine Situation. Er bittet mich, so schnell wie möglich bei ihm vorbeizukommen. Zwei Tage später geht es also wieder nach Melbourne. Ich kann jetzt einen Teil der Fahrt übernehmen und so beschließen wir, in einem Stück durchzufahren. Der Anwalt versichert uns, dass die Argumentation der Versicherung über die Höhe meiner Lohnfortzahlung auf jeden Fall nicht richtig sei und dass er sofort Widerspruch einlegen wird. Er sagt uns aber auch, dass sich die Angelegenheit über Jahre ziehen kann. Gerade sind wir aus der Unsicherheit, wie es mit der Firma und unserer Zukunft weitergeht, heraus, da befinden wir uns schon in der nächsten Ungewissheit. Trotzdem fahren wir gut gelaunt nach Hause und fangen an, unsere Koffer für good old Germany zu packen.

Die erste Reise

Mai 2006

Wir haben einen Flug mit zwei Stopps gebucht. Von Melbourne geht es nach Singapur, von dort weiter nach Dubai und dann nach Frankfurt. Ich hatte große Bedenken, dass ich durch das lange Sitzen steif werden würde. Also fliegen wir mit Unterbrechungen und haben so die Möglichkeit, uns die Füße zu vertreten. Früh am Morgen landen wir in Frankfurt. Freunde hatten uns angeboten, uns in Frankfurt am Flughafen abzuholen. Ich habe aber schon im Vorhinein Bedenken, dass ich stressig werde, wenn wir rauskommen, eventuell keiner zu sehen ist und wir nach jemandem suchen müssen. Also fahren wir vom Flughafen mit der Bahn. So muss Heidi sich „nur" um mich kümmern und nicht auch noch einen Abholer suchen. Nachdem wir unser Gepäck haben, gehen wir durch den Zoll. Als sich die Schiebtüren zum Ankunftsbereich öffnen und ich die ganzen Leute sehe, bin ich wie gelähmt. Wie soll ich da durchkommen? Eine Barrikade aus Menschen. Heidi bleibt ruhig, schleust mich vorsichtig an der Seite vorbei. Ich muss ins Freie! Ich hatte mich auf so vieles vorbereitet, aber mit der Menschenmenge hatte ich nicht gerechnet. Heidi schiebt mich vor sich her zum Bahnhof. Während sie die Fahrkarten kauft, passe ich auf das Gepäck auf. Ich hätte wohl nicht bemerkt, wenn jemand mit meiner Tasche davongelaufen wäre.

Mein Bruder Klaus-Jürgen holt uns vom Bahnhof in Bruchsal ab. Es ist ein schöner Frühlingstag, zu heiß für die Jahreszeit und sehr schwül. Die Freude ist groß, als wir uns sehen. Wir fahren nach Knittlingen zu meinen Eltern. Es ist Mittagszeit und wir sitzen alle zusammen und erzählen. Es wird viel gelacht und ich frage viel, was in den letzten Jahren in der Heimat los war und wie es Menschen geht, die ich schon lange nicht mehr gesehen habe.

Dann schlafen wir erst einmal. Zwei Tage lang unterwegs, die vielen Eindrücke und dann diese erst lange Unterhaltung ... ich bin erschöpft. Froh darüber, dass ich den Flug so gut überstanden habe und nachdem ich eine Stunde lang Streckübungen gemacht habe, lege ich mich zu Heidi und wir schlafen sofort ein. Danach haben wir uns vorgenommen spazieren zu gehen, aber daraus wird nichts. Als wir nach unserem Mittagsschlaf die Treppe zur Wohnung meiner Eltern hochgehen, hören wir schon das Gemurmel. Jeder verfügbare Stuhl ist belegt: Freunde von uns, die wussten, dass wir heute ankommen. Gabi und Felix, Paul und andere, die es nicht erwarten konnten, uns zu sehen. Meine Mutter hat Kaffee gemacht und Kuchen steht auch auf dem Tisch. So verbringen wir den Rest des Tages mit Freunden, die bis in die Nacht kommen und gehen.

Am Sonntagmorgen wachen wir durch den Zeitunterschied und dadurch, dass wir früh zu Bett gegangen sind, viel zu früh auf. Jetzt bin ich ganz steif, jede Bewegung ist unangenehm. Ganz langsam krieche ich aus dem Bett und versuche, mich zu dehnen. Ich hätte gestern Nachmittag wohl doch mehr machen sollen als nur herumzusitzen. Um diese Zeit, so früh am Sonntagmorgen, ist in den Straßen von Knittlingen noch nichts los. Auch Heidi ist inzwischen wach geworden. Wir schleichen uns aus dem Haus und machen einen kleinen Spaziergang durch den Ort. Fünf Jahre war ich nicht hier. Niemand ist um diese Zeit unterwegs und wir haben Zeit, uns in Ruhe umzuschauen. Ich glaube, so genau habe ich mir Knittlingen in den etwas über dreißig Jahren, die ich hier gelebt habe, noch nie angesehen. Als wir zurückkommen, wartet das Frühstück bereits auf dem

Tisch und auch mein Bruder ist schon da. Er fährt mit uns durch die nahe Umgebung, um uns zu zeigen, was sich verändert hat. Wir fahren hoch zur Reichshalde und genießen den grandiosen Ausblick. Dann besuchen wir Susi und Paul. Zum Mittagessen geht es zurück zu meinen Eltern. Mittagsschlaf. Dann wieder Laufen und Dehnen. Wir wandern von Knittlingen nach Bretten und gegen 17 Uhr treffen wir bei Andrea und Leo ein. Wir wollen nur schnell Hallo sagen und besprechen, ob wir in den kommenden Tagen etwas zusammen unternehmen. Nach einem spontanen Abendessen kommt auch noch Vinzenco vorbei. Es wird ein langer Abend. Vince fährt uns erst spät nach Hause. Das Wetter hat plötzlich umgeschlagen; es ist empfindlich kühl und es regnet.

Die Woche verbringen wir mit langen Spaziergängen und Besuchen bei vielen Freunden und Verwandten. Wir überlegen uns, was wir unternehmen, wenn wir die Roller endlich haben. Ich schlage vor, dass wir vielleicht mal nach Hülben fahren könnten, um Klaus, Oli und Toni zu besuchen. Und dann vielleicht hinunter an den Bodensee. Der Radius vergrößert sich, eigentlich wollten wir nur Touren durch den Kraichgau machen.

Am Samstag besuchen wir Volker und Regina. Volker hat zwei Roller für uns vorbereitet. Wir verbringen einen gemütlichen Samstagabend. Am nächsten Morgen hat Volker uns noch ein Zelt und zwei Isomatten auf die Roller aufgeladen. Nur für den Fall, dass wir an einem Ort bleiben wollen, an dem es keine andere Übernachtungsmöglichkeit gibt. Am späten Nachmittag fahren wir die 35 Kilometer zurück nach Knittlingen. Wir wollen über die Schwäbische Alb Richtung Bodensee fahren und dann über den Schwarzwald zurück nach Knittlingen. Während der kommenden Woche haben uns die Freunde immer wieder ermutigt, etwas weiter zu fahren. Meine größten Bedenken, dass ich nicht durchhalte oder sogar in eine meiner Depressionen falle, verwerfen alle und lachen mich aus. „Ihr schafft das", versichern sie uns; sie seien jederzeit erreichbar, nicht weit von uns entfernt und könnten uns mit einem Bus oder Anhänger abholen, falls ich mich nicht in der Lage fühlte weiterzufahren. Natürlich gibt es auch einige Zweifler, aber da kommt bei mir dann „denen werde ich es schon zeigen" wieder auf.

Tag 1

Unsere erste Etappe: Hülben in der Nähe von Bad Urach, wo Klaus, Oli und Toni eine Motorradwerkstatt betreiben. Nach einem ausgiebigen Frühstück mit meinen Eltern geht es los. Mit dem Auto schafft man die Strecke in eineinhalb Stunden. Es sind 100 Kilometer. Da wir jedoch nur auf Nebenstrecken fahren und Bundesstraßen vermeiden wollen, haben wir den ganzen Rest des Tages für eine Strecke von etwa 150 Kilometern eingeplant. Wir fahren über Land Richtung Schwarzwald. Die Ballungszentren Herrenberg und Tübingen wollen wir unbedingt vermeiden. Wir verirren uns hoffnungslos, die kleinen Wege, auf denen wir uns bewegen, sind in der Landkarte nicht eingezeichnet. Es ist kalt, als wir gegen 17 Uhr in Reutlingen ankommen. Wir müssen tanken. Ein Blick auf die Karte zeigt, dass wir noch einiges vor uns haben.

Wir rufen bei Klaus an – dort ist bereits der Grill angezündet und sie fragen, wo wir bleiben. Da wir schon so spät dran sind, können wir mit der Auswahl der Straßen nicht mehr so wählerisch sein. Es ist bereits nach 19 Uhr, als wir in Bad Urach ankommen.

Wir können die Straße nach Hülben nicht finden, obwohl wir schon einmal da waren. Wir sind ausgekühlt, mein Nervenkostüm ist dünn geworden und Heidi traut sich nicht, viel zu sagen, damit ich nicht aus der Haut fahre. Nach mehreren Runden durch den Ort finde ich schließlich den Weg: Heidi hatte recht gehabt, Hülben liegt auf der Schwäbischen Alb. Bad Urach im Tal. Es sind nur noch 6 Kilometer. Aber 250 Meter Höhenunterschied. Die Roller fahren kaum noch schneller als ein Jogger, es wird rasch dunkel und man kann den Auspuff am Roller glühen sehen. Fast am Ziel, ignorieren wir das aber und kommen, kurz bevor es ganz dunkel wird, an. Am Ende sind es 203 Kilometer, die wir heute gefahren sind.

Das Barbecue wartet schon, alle sind mächtig hungrig. Außer Klaus, Toni und Oli sind auch Röckers da. Michael, seine Frau Ute und ihre beiden Söhne sowie Utes Bruder. Sie alle haben uns besucht als wir noch in Broadford wohnten und haben damals mit Uwe und Gabi Freundschaft geschlossen. Nach einem langen Tag fallen wir erschöpft ins Bett.

Tag 2

Von Hülben brechen wir auf. Unser heutiges Ziel ist Unteruhldingen. Dort wohnen Monika und Alfred. Alfred habe ich 1986 bei einem Motorradurlaub auf Korsika kennengelernt. Seitdem blieben wir in Kontakt. Die beiden haben uns schon in Australien besucht, und wenn ich nach Deutschland kam, haben wir stets Zeit gefunden, uns zu sehen. Wir müssen glücklicherweise keine Ballungszentren umfahren. Klaus hat uns den Weg beschrieben und schnell sind wir auf herrlichen Nebenstraßen im Lautertal unterwegs. Nach dem Mittagessen in Zwiefalten treffen wir früher als geplant in Unteruhldingen ein.

Wir verbringen einen schönen Abend mit Monika und Alfred. Nach zwei Tagen höchster Konzentration bin ich erledigt. Ohne lange zu überlegen, nehmen wir das Angebot von Moni und Alfred an, eine weitere Nacht zu bleiben. Wir verbringen den Tag auf der Insel Mainau. Abends sitzen wir zusammen auf dem Balkon und genießen den wirklich großartigen Blick über den See.

Tag 4

Wir brechen wir auf nach Meersburg. Von dort geht es auf die Fähre nach Konstanz. Der dichte Verkehr ist sehr anstrengend und schon kurz hinter Konstanz brauche ich meine erste Pause. Ich habe Angst, dass es wieder so wird wie am ersten Tag, dass wir den halben Tag im Kreis fahren. Aber gleich hinter Konstanz finden wir die gesuchte Nebenstraße.

Wenn wir an Kreuzungen kommen, fahren wir in die Richtung, die uns von der Straße und Landschaft besser gefällt. So kommt es, dass wir am späten Nachmittag über einen kleinen Pass fahren müssen. Die Roller tun sich schwer. Auf der Passhöhe sind sie heiß wie Feuer.

Gegen Abend treffen wir in Brunnen auf dem Campingplatz Hopfreben ein, auf dem wir zum ersten Mal unser Zelt aufschlagen. Beim Durchfahren der Ortschaft waren wir an einem Imbiss vorbeigekommen. Nachdem unsere Schlafstätte steht und wir einen Spaziergang am Ufer des Vierwaldstätter Sees gemacht haben, fahren wir zurück und kaufen uns dort ein Grillhähnchen fürs Abendessen. Damit fahren wir an den See. Wir setzen uns auf eine Parkbank mit Blick auf die noch verschneiten Berggipfel und verzehren das Geflügel. 160 Kilometer sind wir heute gefahren, nachdem wir kurz hinter Konstanz gleich die richtige Nebenstraße gefunden hatten.

Tag 5

Wir fahren weiter, zuerst mit der Fähre über den Vierwaldstätter See, dann auf der Straße in Richtung Interlaken. Kurz vor Interlaken finden wir einen herrlichen Campingplatz direkt am See und schlagen unser Zelt auf. 90 Kilometer waren es heute.

Tag 6

Bei wunderbarem Wetter bauen wir unser Zelt ab. Dann fahren wir bis Interlaken auf der Suche nach Frühstück, was sich als nicht ganz so einfach herausstellt. Viele elegante Hotels, aber nichts Kleines, Lockeres. Schließlich finden wir ein Stehcafé. Dann geht es weiter in Richtung Gstaad. Herrlich kleine Straßen wie aus einem Bilderbuch über die Schweiz. Bereits um die Mittagszeit haben wir die 90 Kilometer zurückgelegt. Eigentlich wäre das unser Ziel für heute gewesen. Wir tanken die Roller auf, kaufen uns eine Kleinigkeit zum Mittagessen, schauen in die Landkarte und beschließen, noch ein Stück zu fahren. Unterwegs haben wir grandiose Ausblicke aufs Matterhorn. Gegen 16 Uhr beginnen wir, uns nach einem Campingplatz umzuschauen. Leider ist nichts zu finden in den Orten, die wir durchfahren. Wir fragen an einer Tankstelle nach und man sagt uns, dass der nächste erst in Martigny sei. Fast 40 Kilometer Schnellstraße. Wie immer, wenn es nicht so geht, wie ich es geplant habe, bekomme ich schwitzige Hände. Heidi nimmt es gelassen. Fast eine Stunde auf der Schnellstraße, Vollgas. Es ist nicht viel los und ich beruhige mich ein wenig.

Nicht weit vom Zentrum finden wir den Campingplatz. Ich bin total erledigt und Heidi muss alleine abladen, aufbauen und Betten machen. Ich kann nicht mal einen Anker in den Boden schlagen, um das Zelt zu befestigen. Aufgrund meiner Stimmung gehen wir ziemlich betrübt zum Abendessen.

Es ist noch Vorsaison und wir haben den Campingplatz fast für uns. Ich bin so erschöpft, dass wir beschließen, zwei Tage zu bleiben. Es werden drei.

Die Betreiber sind überaus freundlich und es gibt auch ein kleines Restaurant auf dem Gelände. Dort sind wir meistens die einzigen Gäste. Es ist Fußball-WM, Australien spielt.

Am nächsten Morgen erkunden wir zu Fuß die Innenstadt. Inzwischen sind wir seit einer Woche unterwegs.

Heidi hat zuvor noch Wäsche in die Waschmaschine getan. Nach einem kurzen Fußmarsch erreichen wir das Zentrum von Martigny. Dort gönnen wir uns ein feudales Mittagessen in einem urigen, kleinen Restaurant.

Abends beraten wir, wie es weitergehen soll. Hinter dem Campingplatz ragen Berge auf, hinter denen die Sonne untergeht. Ich bitte Heidi, in der Landkarte nachzusehen, was da liegt. Selber Landkarten zu lesen ist für mich nur mit großer Mühe möglich. Ich sehe, wo wir sind und wo wir hin wollen, aber den Weg finde ich nicht. Und wenn, dann sage ich zu Heidi, komm lass uns dahin fahren, und sie muss mir sagen, dass das nicht möglich ist, ein Fluss oder ein Berg dazwischen ist und es keine Straße gibt.

Sie sagt mir, um da hinzukommen, müssen wir erst mal über den Col-de-la-Forclaz-Pass und dann wäre der nächste Ort Chamonix in Frankreich. Ich erinnere mich, dass ich den Pass vor mehr als zehn Jahren schon einmal gefahren bin.

Ich sage zu Heidi, dass ich nicht weiß, ob die Roller mit Gepäck so eine Steigung schaffen. Es gibt nur einen Weg, das herauszufinden ...

Frankreich

Gleich nach Martigny steigt die Straße an. Steiler und steiler, die Roller werden langsamer, manchmal so langsam, dass man fast nebenherlaufen könnte. Die Ausblicke auf Martigny werden dafür mit jeder Spitzkehre grandioser. Die Landschaft und die schneebedeckten Berge machen die langsame Fahrt überaus angenehm. Sehr gemächlich erreichen wir die Passhöhe. Col de la Forclaz. 1516 Meter. Ich bin sicher, diese Roller waren noch nie so weit oben unterwegs. Etwas flacher und schneller geht es weiter zum Col de Montets. Wir sind in Frankreich.

Chamonix erreichen wir zur Mittagszeit. In einem Supermarkt kaufen wir ein paar Leckereien für ein Picknick. Außerhalb finden wir einen Waldparkplatz, wo wir sie verspeisen.

Leider geht es bergab nur über eine Schnellstraße mit furchteinflößend hohen Brücken, die ich auf der Fahrt mit dem Motorrad vor knapp zehn Jahren nicht bemerkt hatte. Zwischen Lastwagen steckend, schwitzen wir uns den Berg hinunter. Es ist furchterregend, wenn der Lkw, der nur ein paar Meter hinter uns fährt, die Motorbremse betätigt. 50 Stundenkilometer sind auf der Abfahrt erlaubt, und so steil bergab fahren die Roller die Höchstgeschwindigkeit der Lkw.

Wieder im Tal, bin ich bereits am frühen Nachmittag erledigt. Am ersten Ort, den wir durchfahren, nehmen wir ein Zimmer in einer kleinen Ferme. Ich fühle mich trotz der Erschöpfung gut. Wir sind in Grésy sur Isères. 127 Kilometer haben wir heute hinter uns gebracht.

Nach einer kurzen Rast machen wir einen Spaziergang durch die Stadt, der mit einem Bier in unserer Herberge endet. Wir sind seit einer Woche unterwegs. Fünf hatten wir geplant. Zurück nach Deutschland, wäre die Tour nach knapp zwei schon vorbei. Ich erzähle Heidi, dass ich bereits mehrere Male am Grand Canyon du Verdon gewesen bin und es mir dort sehr gefallen hat, obwohl das Wetter immer schlecht war. Den würde ich gerne mal bei Sonne sehen. Ein Blick auf die Karte: knapp die Hälfte hätten wir bereits. Richtung Süden ist immer gut.

Wir fahren Richtung Gap, dann auf einer Nebenstraße nach Süden. Wir kommen nicht gut voran, da wir versuchen, Grenoble zu umfahren, und öfter in die Landkarte sehen müssen. Mittagessen gibt es in einem Supermarkt, wo wir auch Wasser kaufen, um unsere Camelbacks aufzufüllen. Beim Einkauf haben wir nicht richtig aufgepasst und Wasser mit Kohlensäure statt stillem Wasser gekauft. Jetzt ist es im Rucksack durchgeschüttelt und jedes Mal, wenn wir auf das Trinkventil beißen, sprudelt es heraus. Beim nächsten Stopp amüsieren wir uns über unsere nassen T-Shirts. Am späten Nachmittag sind wir kurz hinter Gap und schlagen unser Zelt auf einem schönen Campingplatz nicht weit von der Hauptstraße entfernt auf. Zu Abend essen wir im Campingplatz-Restaurant – das sich wirklich als Restaurant herausstellt. Da es noch recht früh in der Saison ist, haben wir es fast für uns alleine.

Wir haben heute bereits eine gute Strecke zurückgelegt. Wir halten für eine Pause in Sisteron an und essen dort nur eine Kleinigkeit. Wir tanken und überlegen, ob wir einen Campingplatz suchen sollen, da wir eigentlich geschafft haben, was wir uns vorgenommen hatten. Ich sage Heidi, dass ich mich noch recht fit fühle. Warum fahren wir nicht noch ein paar Kilometer? Ohne lange nachzudenken fahren wir weiter. 20 Minuten nach dem Auftanken kommen wir an einen großen Kreisverkehr. Ich fahre durch, Heidi muss stehen bleiben. Auf der anderen Seite kann ich nicht gleich anhalten, da ein Lkw dicht auffährt. Blick in den Spiegel, wo ist Heidi, ich sehe nur den Kühler des Lkws, dann den hohen Randstein, dem ich immer näher komme. Endlich eine Lücke am Randstein, in der ich rechts ranfahren kann. Wo ist Heidi? Ich warte auf eine Lücke im Verkehr. Panik, ist ihr etwas passiert? Ich mache mir schon Vorwürfe, dass wir das Ganze überhaupt gewagt haben. Ich drehe um. An der Kreuzung, an der ich sie das letzte Mal gesehen habe, halte ich an. Das haben wir so verabredet, falls wir uns mal verlieren. Nach ewigen Minuten des Wartens kommt sie aus der gleichen Richtung, aus der ich zurückkam. Durch die Lkw habe ich nicht gesehen, als sie an mir vorbeifuhr. Zu allem Überfluss fange ich an zu schreien, schmeiße den Roller vor lauter Wut auf den Grünstreifen. Heidi steigt ab, schreit zurück, dass ich mich zusammennehmen soll. Dann kommt sie zu mir, um mich zu beruhigen. Ich sitze da auf dem Grünstreifen neben dem Roller, der im Dreck liegt. War wohl doch keine so gute Idee, die zusätzlichen Kilometer zu fahren. Ich dachte, ich sei gut drauf und könne ein bisschen mehr machen, und gleich gehts in die Hose. Ich bin am Boden zerstört. Heidi reißt mich aus meinem Zustand. Auf geht's. Seit Sisteron haben wir keinen Campingplatz gesehen, also weiter auf dieser Hauptstraße Richtung Süden. Nach etwas mehr als 10 Kilometern ein Schild. Nach knapp vier Kilometern erreichen wir den Campingplatz. Eigentlich ist es nur ein Olivenhain. Sehr alte Bäume, dazwischen irgendwo ein Sanitärgebäude und ein Haus, das gerade mal halb gebaut ist. Niemand weit und breit. Ich will nicht mehr. Wir schauen uns um und sehen, dass es so etwas wie Parzellen gibt. Wir finden eine, die von den alten Olivenbäumen ziemlich geschützt ist, parken unsere Roller und laden ab.

Heidi hat inzwischen in die Landkarte geschaut. Sie sagt mir, dass ich hierbleiben soll, während sie ins nächste Dorf fährt, um etwas zum Abendessen zu besorgen. Ich sitze da, auf dem Trittbrett des Rollers, wie ein Häufchen Elend. Und ich überlege mir, dass ich Volker anrufe. Er soll mit dem Bus kommen und uns abholen.

Ich bin müde, mehr mental als physisch. Der kleine Schreck an der Kreuzung sitzt mir in den Knochen. Heidi braucht ewig. Ich mache mich daran, das Zelt auszupacken. Danach lege ich es aus und befestige die Heringe im Boden, so gut es geht. Schließlich versuche ich, das Zelt vollends aufzubauen. Inzwischen kommt Heidi zurück. Ganz stolz zeige ich ihr, dass ich etwas getan habe, was ja eigentlich selbstverständlich sein sollte. Zusammen erledigen wir den Rest des Aufbaus.

Dann essen wir zu Abend, Heidi hat im nächsten Ort nur frisches Brot, Käse und Tomaten bekommen. Aber das ist alles, was wir an diesem Abend brauchen, bevor wir früh zu Bett gehen. Ich sage ihr, dass ich Volker anrufen will und dass er uns abholen soll. Eine Antwort bekomme ich nicht.

Am nächsten Morgen bauen wir unser Lager ab, packen alles auf die Roller. Noch immer haben wir niemanden gesehen. Wir erkunden das halb fertige Sanitärgebäude. Die Duschen funktionieren bereits, wenn auch nur kalt.

Das Thema Volker anrufen schneidet Heidi nicht an. Sie fährt voran. Bestimmt eine Stunde lang fahren wir, bevor sie an einem Café in Valensole anhält. Hier frühstücken wir. Inzwischen habe ich vergessen, dass ich Volker kontaktieren wollte. Nur noch knapp 30 Kilometer bis zum Stausee des Canyon, den wir kurz vor Mittag erreichen. Wir essen in einem kleinen Restaurant in Sainte Croix du Verdon am Nordwestufer zu Mittag. Ein herrlicher Ausblick über den See lässt uns die Probleme von gestern vergessen. Auf der anderen Seite sind einige kleine Orte zu erkennen. Nach dem Mittagessen machen wir uns auf den Weg dorthin. Wir passieren ein paar kleine Dörfer, die jedoch keinen Campingplatz haben. Im dritten Dorf, Les Salles sur Verdon, finden wir einen. Zwei Nächte haben wir vorgesehen. Das Zeltaufbauen geht mir inzwischen recht gut von der Hand. Auch wenn Heidi noch immer mehr dazu beiträgt, kann ich doch etwas helfen, und inzwischen habe ich gelernt, ihren Anweisungen zu folgen und nicht alles, was sie tut, infrage zu stellen. Abendessen im Restaurant des Campingplatzes. Drei Tage und vier Nächte bleiben wir hier. Es ist ein schönes Gelände. An seinem Ende führt eine Treppe direkt ins Dorf. Wie sich herausstellt, war ich 1986 schon einmal hier.

Wir müssen mal wieder Wäsche waschen und ich mich ein paar Tage lang ausruhen. Wir unternehmen einige kleine Ausflüge, auch nach Moustiers Sainte Marie, was uns sehr gefällt. Wir erkunden die kleinen Gassen. Heidi fotografiert viel und macht Skizzen in dem kleinen Block, den sie mitgebracht hat. Danach wollen wir aus der Schlucht heraus auf einen Aussichtspunkt, aber leider ist die Steigung für die Roller zu stark und wir müssen nach der Hälfte aufgeben.

Wir besprechen, wie es weitergehen soll. Es sind noch etwas mehr als 100 Kilometer bis Aix-en-Provence. Heidi sagt mir, dort habe ihr Lieblingsmaler, Paul Cézanne, gelebt und meistens denselben Berg gemalt. Herrliche Nebenstraßen durch Südfrankreich, Bilderbuch-Provence. Zum Mittagessen fahren wir von der Nebenstraße ab zu einem kleinen Dorf auf einer Anhöhe. Das Restaurant ist mitten auf dem Marktplatz und wir sehen über das ganze Rhônetal. Wir sitzen stundenlang da und genießen das Mittagessen und den phantastischen Ausblick. Nach einem Kaffee geht es weiter. Wir finden kleine Straßen, die sich durch Pinienwälder winden. Kein Verkehr, und wenn wir zu einer Kreuzung kommen, schauen wir einfach, welche Straße Richtung Südosten führen könnte, und weiter geht's. Schilder beachten wir so gut wie gar nicht. Der Wald öffnet sich, entlang an gepflegten Weinbergen, durch ein Tor und dann geht es nicht mehr weiter. Wir stehen in einem Innenhof mit unglaublich schönen Gärten. Wir drehen um und holen unsere Landkarte heraus. Das hilft allerdings nicht viel, da wir ja nicht wissen, wo wir sind. Wie aus dem Nichts ist ein älterer Mann aufgetaucht. Wir fragen ihn nach dem Weg nach Aix. Wir zeigen ihm die Landkarte und fragen ihn, wo wir sind.

Er zeigt uns, dass wir ganz in der Nähe von Puyloubier sind, erklärt uns mit Händen und Füßen den Weg zurück nach Aix. Heidi versucht zu fragen, wo wir gelandet sind, und der Mann zeigt auf ein Schild, unter dem wir gerade durchgefahren sind. Wir fahren zurück und halten an, um uns anzusehen, wie das Anwesen heißt. Es ist ein Altersheim der Fremdenlegion. Wir blicken zurück zum Haupthaus und winken dem Mann, der uns geholfen hat, zu; er erwidert unsere Verabschiedung.

Genau wie er es gesagt hat, erreichen wir nach etwas mehr als 20 Kilometern Aix-en-Provence. Von der verlassenen Landstraße folgen wir den Schildern, biegen ab und sind sofort auf der viel befahrenen Ringstraße von Aix. Wie es scheint, führt sie nur in eine Richtung und wir drehen erst einmal eine Runde um die Stadt. Der Verkehr wird dichter und ich bekomme schwitzige Hände. Darauf war ich nicht vorbereitet. Panik steigt auf, aber diesmal atme ich erst mal durch und schaue nach einer Gelegenheit, um anzuhalten. Die Straße wird dreispurig, ein Glück, müssen wir an einer Ampel anhalten und ich bitte Heidi vorauszufahren, ich schaffe es nicht, mich auf den Verkehr zu konzentrieren und dann auch noch nach Schildern für einen Campingplatz Ausschau zu halten. Sie fragt mich, ob alles in Ordnung ist, aber da springt die Ampel schon auf Grün. Dann ein Kreisverkehr, vier Spuren. Heidi voraus, ich hinterher, Blinker, Spurwechsel, rausfahren. Das geht so schnell, dass ich kaum mitbekomme, was das gerade war. Ein überfüllter Kreisverkehr, die Autos so nah, dass ich sie berühren kann, Blinker setzen und da ist auch schon eine Lücke.

Aix-en-Provence ist mit Abstand die größte Stadt, in der wir auf unserer Tour bisher gewesen sind. Nach einigem Suchen finden wir hinter einem Wohngebiet einen Campingplatz. Wir bauen unser Zelt auf und machen einen Spaziergang zu einem

Aussichtspunkt, dessen Zugangsweg durch den Platz führt. Als wir nach kurzem Marsch ankommen, ist Heidi auf einmal ganz still. Ich frage sie, was los ist, und sie sagt ganz leise mit einem Frosch im Hals, dass dies eine der Stellen ist, von dem aus Cézanne seine Bilder gemalt hat. Der Mont Sainte Victoire liegt direkt vor uns. Später kaufen wir eine Flasche Wein und nach dem Abendessen gehen wir wieder hinauf zum Aussichtspunkt und schauen uns bei einem Glas Roten den grandiosen Sonnenuntergang an.

Am nächsten Morgen wandern wir etwa einen Kilometer bis zur Bushaltestelle und fahren mit dem Bus in die Innenstadt von Aix. Heidi möchte sehen, ob nicht eine Galerie oder ein Museum zu finden ist, in dem ein paar Bilder von Cézanne ausgestellt sind. Am Rande der Innenstadt steigen wir aus und schlendern durch die Fußgängerzone und über den Wochenmarkt. Auf einem Platz sehen wir einen Container, an dem viele Leute anstehen. Es werden Eintrittskarten für eine Sonderausstellung mit Bildern von Cézanne verkauft. Anlässlich seines 100. Todesjahres hat man Werke aus der ganzen Welt hierher gebracht. Heidi ist begeistert und wir stellen uns an, um Eintrittskarten zu kaufen. Der Andrang ist groß; man will stets nur wenige Besucher in der Ausstellung haben. Deswegen ist es erst möglich, dass wir am nächsten Tag um 14 Uhr eingelassen werden. Wir bleiben eine weitere Nacht in Aix.

Am nächsten Tag fahren wir mit den Rollern zum Atelier von Cézanne in einem der Vororte und machen eine Führung mit. Nach der Besichtigung fahren wir ins Zentrum. Kurzes Mittagessen und dann ist es Zeit für die Ausstellung. Ich schaue mehr Heidi an als die Bilder. Sie so glücklich zu sehen, nach allem, was sie in den letzten zweieinhalb Jahren durchgemacht hat, lässt mich eine Gänsehaut bekommen. Nach der Ausstellung fahren wir etwas aus Aix heraus und besichtigen die Villa von Picasso. Auf dem Rückweg halten wir an einem Supermarkt und kaufen etwas fürs Abendessen ein.

Nach zwei Tagesfahrten durch die Provence kommen wir von Nordwesten in die Vororte von Nizza und sehen auch gleich einen Campingplatz, wo wir einchecken. Leider gefällt er uns überhaupt nicht. Alles ist sehr sauber und geordnet. Wir beschließen, die paar Meter ans Meer zu laufen. Wir kommen an einem großen Supermarkt vorbei. Da alles nur auf Autos ausgelegt ist, fällt es uns schwer, den Eingang zu finden. Endlich drin, kaufen wir uns leckere Meeresfrüchte zum Abendessen. Dann laufen wir ein kurzes Stück die Hauptstraße Marseille – Nizza entlang an den Strand. Dort essen wir zu Abend, unterhalten uns über all die schönen Orte, die wir gesehen, und was wir schon alles erlebt haben und sprechen auch über die Reise zurück in den Kraichgau.

Dann erzähle ich Heidi, dass da drüben auf der anderen Seite des Strands eine schöne Insel liegt: jene, auf der ich vor Jahren Alfred – den wir vor wenigen Tagen besucht hatten – und seine damalige Freundin Andrea kennengelernt habe, als ich 1986 dort war.

Korsika

Wir bauen unser Zelt ab und fahren zum Fährhafen in Nizza. Wir kaufen uns Tickets und gehen am Hafen frühstücken, da die Fähre erst um die Mittagszeit ablegt. Sie ist voll und wir hätten vorbuchen müssen, aber als man unsere Roller sieht, sagt man uns, dass es bestimmt noch irgendwo ein Plätzchen gibt. Nachmittags treffen wir in Ajaccio ein. Wir haben noch nicht die Straßenkarten, die wir brauchen. So wie es aussieht, könnte es in der nächsten Bucht Richtung Norden die Möglichkeit geben, außerhalb des Ortes zu schlafen.

Korsika – alles ist hier anders. Wer behauptet, das wäre ein Teil von Frankreich? Alles ist offener, nicht so dicht besiedelt. Wir fahren Richtung Norden, dann wieder ans Meer. Einen Campingplatz finden wir nicht, aber eine Hotelanlage, die gerade erst fertiggestellt wurde. Es gibt ein schönes kleines Zimmer für uns. Nach einem herrlichen Strandspaziergang gehen wir ins Hotel-Restaurant zum Abendessen. Alles dauert sehr, sehr lange, obwohl kaum jemand da ist. Wie immer sind wir sehr geduldig. Wir sitzen hinter einer kleinen Mauer und können auf die ganze Bucht schauen. Nach dem Sonnenuntergang kommt das Essen – es war jede Minute des Wartens wert. Wir genehmigen uns eine Flasche Wein und sitzen bis spät in den Abend und genießen den umwerfenden Blick aufs Meer.

Am nächsten Morgen fahren wir Richtung Süden. Zuerst durch Ajaccio und dann am Meer entlang nach Propriano, wo wir unser Zelt aufschlagen.

Wir verbringen den nächsten Tag mit Wäsche waschen, E-Mails checken und sitzen oft in einem der Lokale am Hafen.

Unser nächstes Ziel soll Bonifacio sein. Nach einigen Kilometern am Meer entlang und über ein paar Hügel hinüber wird die Landschaft flach und braun verbrannt und die Straße gerade und langweilig. Schon ein paar Kilometer vor Propriano stecken wir in einem Stau von Reisebussen. Kurz hinter dem Parkplatz für die Busse erreichen wir den Hafen. Wir halten an und sprachlos sehen wir auf den Naturhafen von Bonifacio. Fjordähnlich, mit der Altstadt hoch oben auf dem Felsen. Wir stehen da und bestaunen den Hafen, während die Touristen, die gerade aus den Bussen entflohen sind, um uns herumeilen, um zur *vieille ville* hochzulaufen. Wir starten die Roller und fahren ihnen nach. Ich denke mir: Ich fahre mal, so weit es geht. Dann kommt das Schild – ich kann es kaum glauben, die Altstadt ist gesperrt, aber die Durchfahrt ist frei für Lieferanten, Anwohner und Roller. Wir fahren die schmale Straße nach oben, drehen eine Runde durch die Altstadt und sehen, dass alles überfüllt ist. Nicht mal Platz auf dem Gehweg. Wir halten nur kurz, bleiben auf unseren Rollern sitzen und schauen uns um. Ich sehe Heidi an und wir fahren wieder hinunter an den Hafen. Wir setzen uns in ein kleines Restaurant am Hafenbecken und essen zu Mittag. Das Thema, in Bonifacio zu übernachten, wie geplant, wird nicht mehr erwähnt. Etwa 5 Kilometer fahren wir auf derselben Straße, die wir gekommen sind, dann teilt sie sich: Westküste, woher wir gekommen sind, Ostküste, wo die ganzen Resorts sind, oder geradeaus ins Zentrum, wo erst einmal für eine Weile gar nichts kommt? Wir entscheiden uns für die Mitte. Corte ist unser nächstes Ziel. Bald fängt die Straße an zu steigen. Lange geschwungene Kurven, und es geht stetig bergauf. Die Distanzen zwischen Zeichen von Zivilisation werden merklich größer, die Kurven werden enger und meine Konzentration lässt nach. Über 120 Kilometer sind wir heute bereits unterwegs. Es scheint mein

Limit zu sein. Wir fahren bis zum nächsten Ort, San Gavino di Carbini. Ich freue mich auf ein Bier. Zwei Kilometer Schotterweg durch einen Wald mit riesigen Nadelbäumen. Am Ende stoßen wir auf einen alten Wohnwagen, auf den das Wort Rezeption gemalt wurde. Niemand ist da. Es gibt keinerlei Gebäude, aber man kann aus der Aufteilung des Landes sehen, dass es für Camping parzelliert ist. Auch Wasserhähne, die funktionieren, gibt es überall. Ich kann nicht mehr. Wir beschließen, unser Zelt aufzubauen, da wir nicht wissen, wie weit es bis zum nächsten Campingplatz ist. Heidi fährt gleich, nachdem wir abgeladen haben, zurück zur Abzweigung von der Hauptstraße, wo sie einen kleinen Laden gesehen hat. Sie kommt zurück mit Brot, Käse und Schinken. Inzwischen habe ich angefangen, das Zelt aufzubauen. Ich habe auch zwei Stühle gefunden und so müssen wir heute Abend nicht auf dem Boden sitzen. Aber aus dem kalten Bier, von dem ich geträumt habe, wird nichts. Heidi sagt, dass sie es gerade noch geschafft hat, die paar Sachen zu kaufen, bevor der Laden zugemacht hat. Wir drehen eine Runde über den Platz. Kein Mensch ist zu sehen. Wir erledigen den Rest des Zeltaufbaus und dann fahren wir mit unserem Abendessen weiter die Schotterstraße entlang. Heidi ist auf der Suche nach Menhiren, die hier irgendwo in den Pinienwäldern sein sollen. Wir können sie nicht finden und halten mitten im Wald an, wo wir unser Mahl zu uns nehmen. Wieder mal ein Picknick. Als es dunkel wird, fahren wir zurück zu unserem Zeltplatz, auf dem wir noch immer die Einzigen sind.

Am nächsten Morgen bauen wir schon früh ab, um der aufziehenden Hitze zu entgehen. Ohne Frühstück fahren wir zurück zur Hauptstraße und biegen dort Richtung Norden ab. Bereits nach zwei Kurven erreichen wir San Gavino di Carbini. Es ist ein sehr kleiner Ort und wir sind froh, dass wir einen Kaffee und ein Croissant bekommen. Benzin brauchen wir auch, aber eine Tankstelle gibt es nicht. Wir fahren weiter Richtung

Corte. Wir kommen durch einen kleinen Ort und sehen zwei Zapfsäulen. Es ist Mittagszeit und die Tankstelle geschlossen. Wir gehen über die Straße zu einem kleinen Restaurant, essen eine Kleinigkeit und warten, bis die Siesta zu Ende ist.

Als Bäuche und Tanks schließlich gefüllt sind, geht es weiter. Die Nebenstraße, auf der wir uns befinden, wird immer ruhiger, so gut wie kein Verkehr. Am Rande der Straße im Schatten der Bäume halten Schweine ihren Mittagsschlaf. Die Straße wird immer steiler und kurviger und wir kommen nur langsam voran, was auch daran liegt, dass wir immer öfters anhalten und die Aussicht genießen. Als wir den nächsten Ort erreichen, ist es bereits 17 Uhr. Nach Corte ist es nochmal so weit. Ghisoni ist nicht viel größer als die Einsiedelei, in der wir mittags angehalten hatten. Erst einmal sehen wir uns nach einem Geldautomaten um. Fehlanzeige! Als wir durch den Ort fahren, sehen wir ein kleines Hotel mit Restaurant. Ich gehe hinein und frage, ob sie Kreditkarten akzeptieren und ob es möglich ist, auch das Abendessen über Karte abzurechnen.

Kein Problem.

Die Zimmer sind spärlich eingerichtet, aber sauber. Kurz nachdem wir zu Bett gehen, trifft eine Schulklasse ein und belegt die restlichen Zimmer. Moskitos gibt es auch jede Menge. Wir haben eine sehr laute und unruhige Nacht. Dadurch sind wir schon sehr früh wach und schnell wieder on the road. Im Restonica-Tal etwas außerhalb von Corte kenne ich einen schönen Campingplatz. Meine Beine jucken fürchterlich. Ich ziehe meine Hosen hoch und sehe, dass sie über den Wanderstiefeln völlig zerstochen sind. Ich verfluche die Moskitos. Heidi lacht und erwidert, dass das Zimmer letzte Nacht wohl doch nicht so sauber war – das seien keine Moskitostiche, sondern vermutlich Bisse von Bettwanzen. Direkt am Ortseingang von Corte sehe ich ein kleines Einkaufszentrum mit einer Apotheke. Wir kaufen eine Salbe und fahren dann weiter zum Campingplatz. Wir beschließen, vier Nächte zu bleiben.

Heidi unternimmt kleine Wanderungen, wir waschen mal wieder und wir schwimmen im Fluss.

Einige Male fahren wir auch die wenigen Kilomerter in den Ort, um Kaffee zu trinken oder essen zu gehen.

Nach zwei Tagen stehe ich morgens vor Heidi auf. Ich setze mich auf den Roller und fahre nach Corte, um etwas zum Frühstücken zu kaufen.

Was eben in meinem Kopf noch selbverständlich war, stellt sich an der ersten Kreuzung als nicht mehr so einfach heraus. Es ist das erste Mal, dass ich hier alleine unterwegs bin. Ich stehe am Kreisverkehr und sage mir selbst, dass ich doch schon oft vorausgefahren bin, also los. Ich fahre ins Zentrum von Corte und halte direkt vor der Bäckerei am Rande des Marktplatzes. Rein und ein paar Croissants kaufen. Dann bin ich etwas durcheinander, Einbahnstraße. Ich konzentriere mich und finde aus der Altstadt raus und auch ohne Probleme wieder zum Campingplatz. Ganz stolz komme ich zurück. Nicht mal zehn Kilometer hab ich hinter mich gebracht, aber es fühlt sich gut an. Einen kühlen Kopf behalten, konzentriert und vor allem nicht an mir selbst gezweifelt.

Jetzt wollen wir zurück ans Meer. Porto ist unser Ziel für heute. Es sind nur etwa 100 Kilometer, aber alles nur Kurven. Wenig Leitplanken, auf einer Seite der Straße ein steiler Hang nach oben, auf der anderen geht es noch steiler nach unten. Mir ist nicht ganz wohl, wenn ich da entlangfahre. Am frühen Nachmittag erreichen wir Porto. Wie zumeist mit Baguette, Schinken und Käse bewaffnet, fahren wir Richtung Süden zu den Calanches, urtümlichen Felsen, die bei Sonnenuntergang so angestrahlt werden, dass sie in verschiedenen Rottönen leuchten. Wir setzen uns auf einen Stein am Straßenrand und genießen das Naturspektakel.

Nachdem wir unser Picknick verzehrt haben läuft Heidi die Straße entlang, um Fotos zu machen. Ich hänge meinen Gedanken nach. Wieviele Nächte haben wir seither miteinander verbracht? Unzählige. Dass vor allem direkt nach meinem Unfall nicht jede davon leicht war, muss kaum extra erwähnt werden. Traumatische Ereignisse ziehen an einer Beziehung nicht spurlos vorüber. Wir haben das gemeistert. Hier in den Bergen ist mir das ganz besonders bewusst geworden. Auf dem Rückweg zu unserem Campingplatz passieren wir den Kieselstrand von Porto. Wieder sind wir die Einzigen weit und breit und haben in der Dämmerung den ganzen Strand für uns. Mühevoll tasten wir uns auf der unbefestigten Straße zurück zur Hauptstraße Richtung Campingplatz. Die Lichter an den Rollern sind nicht viel stärker als eine Taschenlampe. Gehen wäre schneller gewesen.

Am Tag danach wollen wir bis nach Calvi. Das sind etwa 100 Kilometer. Kurz nachdem wir Porto verlassen beginnt eine Baustelle. Wir kommen nur sehr langsam voran und wenn der weiche Schotter tief ist, haben die Roller mit uns und dem ganzen Gepäck Probleme durchzukommen. Mit den kleinen Rädern auf der unbefestigten Straße ist das Ganze sehr mühsam und es ist schwierig, die Balance zu halten. Als die Baustelle zu Ende ist, sehen wir bereits Calvi im Tal vor uns. Beim Abendessen stellen wir fest, dass wir ab jetzt auf dem Rückweg sind. Wenn wir von hier wieder abfahren, werden wir jeden Tag näher Richtung Kraichgau kommen. Nach den faulen Tagen, die wir in Corte genossen haben, beschließen wir, auch hier für einige Nächte zu bleiben.

Wir schwimmen in der Bucht von Calvi. Auf den Bergen hinter uns liegt noch immer Schnee. Strand, Museen, Galerien ... auch hier vergehen die Tage viel zu schnell.

Unser nächstes Tagesziel heißt Saint Florent, weniger als 100 Kilometer nördlich. Vor zwanzig Jahren bin ich einmal hier gewesen, in einem kleinen, verschlafenen Dorf., Heute ist es ein mondäner Hafen für zeimlich teure Jachten. Es gefällt mir gar nicht und beim Mittagessen beschließen wir, uns über den Hauptkamm der Insel nach Bastia zu verabschieden und uns nach einer Fähre zurück aufs Festland zu erkundigen. Auf dem kleinen Pass halten wir an und genießen die Aussicht auf Bastia und die Bucht. Hier habe ich vor zwanzig Jahren Alfred kennengelernt. Wir fahren weiter zum Fährhafen und kaufen uns Tickets für die Fähre am nächsten Tag nach Livorno. Wir fahren durch einige Orte und nach über einer Stunde sehen wir endlich ein Schild. Als wir ankommen, sieht es eher nach einer Weide aus als nach einem Campingplatz. Mitten in der Nacht wache ich auf. Die Zeltwand berührt meine Nase, Heidi kramt im Zelt herum. Als ich zu mir komme, sehe ich, dass sie mit beiden Beinen das Zelt abstützt. Draußen geht ein Gewitter herunter und der Wind versucht, unsere provisorische Behausung wegzublasen. Eine der Zeltstangen ist bereits gebrochen. Wir liegen im Iglu, das bei der nächsten Windböe gerade mal 20 Zentimeter hoch ist, und versuchen es nach Kräften festzuhalten. Erst als der Tag anbricht, lässt der Regen langsam nach. Wir kriechen aus unserer Unterkunft. Unser Nachbar, der spät abends angekommen war, hat sein Zelt offenbar schon eher verlassen und schläft auf dem Beifahrersitz seines Autos. Sein Zelt hängt am anderen Ende des Campingplatzes im Stacheldrahtzaun.

Kurz nach Sonnenaufgang lässt der Regen nach. Wir lassen Zelt und Gepäck im Stich, um frühstücken zu gehen. Nach kurzer Fahrt erreichen wir das Dorf, in dem wir gestern Abend gegessen haben. Nach zwanzig Minuten haben wir Kaffee und Croissants vor uns. Die Scheiben sind angelaufen; wir sitzen in der hintersten Ecke und genießen die Wärme. Als die Sonnenstrahlen durch die Wolken dringen, brechen wir auf. Das Zelt steht noch, nicht mehr so hoch wie gestern, aber es ist noch da. Wir beladen die Roller und fahren Richtung Fährhafen Bastia. Es beginnt wieder an zu regnen und der Wind macht uns schwer zu schaffen. Ein unwirtlicher Abschied von dieser schönen Insel. Während der Überfahrt erholen wir uns dösend von der kurzen Nacht.

Italien

Zurück auf dem Festland. Wir kommen am späten Nachmittag in Livorno an. Als wir die Fähre verlassen, stehen wir am Rand des Hafens in einem angrenzenden Industriegebiet. Vor lauter Aufregung der letzten Nacht haben wir noch gar nicht darüber gesprochen, wie es überhaupt weitergehen soll.

Es ist Feierabendverkehr, auf den Straßen ist sehr viel los. Wir sind vom ruhigen Inselleben verwöhnt. Am Straßenrand sage ich Heidi, dass ich vorausfahren möchte, da ich Bedenken habe, sie im Verkehr zu verlieren, und dass ich versuchen will, in die Innenstadt von Livorno zu kommen, um einen Platz für die Nacht zu finden. Über eine Bahnbrücke und schon sind wir auf der Autostrada. Heidi hinter mir, fahre ich Vollgas den Standstreifen entlang, während der Verkehr an uns vorbeirauscht. Nach unendlich scheinenden 15 oder 20 Minuten endlich eine Ausfahrt, nur zu einer Raststätte, aber ich muss von dieser Monsterstraße runter. Erinnerungen kommen zurück an den Vorfall in Frankreich. Wir tanken. Heidi ist mit dem Abladen und Wiederaufladen des Gepäcks beschäftigt und ich hoffe, dass sie nicht bemerkt, wie mir zumute ist. Während sie bezahlt, suche ich nach einer Landkarte. Unser Material ist sehr beschränkt und ich ärgere mich über mich selbst, so unvorbereitet zu sein. Ich schaue mich im Verkaufsraum nach etwas Brauchbarem um. Alles, was ich finden kann, ist ein Nachdruck einer Karte aus den fünfziger Jahren, die wohl mehr als Andenken gedacht ist. Draußen hat Heidi die Roller bereits auf einen schattigen Platz geschoben und wir setzen uns auf den Randstein und besprechen, was wir machen sollen. Auf der Autostrada können wir auf keinen Fall bleiben, die Roller ziehen Blicke auf sich, oder sind wir es? Die Landkarte, die ich gekauft habe, ist so gut wie nutzlos, und ich ärgere mich über das Geld, das ich verschwendet habe. Aber wenigstens haben wir eine grobe Orientierung. Wir beschließen, weiterzufahren bis zur nächsten Ausfahrt. Diese erreichen wir Richtung Pisa. Wir kommen auf eine sehr kleine Landstraße und dann sind wir auch schon in den Vororten, alles Villen im toskanischen Stil. Meine Stimmung bessert sich, als wir den Arno entlang in Richtung Innenstadt fahren. Kopfsteinpflaster, alte Gebäude, das alles gefällt mir. Heidi übernimmt nach der Ampel die Führung. Sie hält an, als sie den nächsten Fußgänger sieht, und fragt etwas. In Pisa gäbe es einen Campingplatz, ich solle ihr nachfahren. An der nächsten Ampel rechts, über die Brücke und durch die Altstadt sind wir innerhalb von zehn Minuten an seinem Eingang. Er liegt direkt am Rande der Altstadt. Sieht alles nicht so gut aus auf den ersten Blick, aber wir haben für heute genug und buchen einen Platz, der recht teuer ist. Wir bauen das Zelt auf und gehen erst einmal zum Duschen. Es ist bereits dunkel. Das Campingplatz-Bistro ist ziemlich voll, nur ganz hinten in der Ecke bekommen wir noch zwei Plätze und nach etwa einer Stunde auch etwas zu essen.

Am nächsten Morgen verlassen wir den Campingplatz durch ein schmiedeeisernes Tor, das zur Altstadt führt. Kurz dahinter sehen wir schon den Platz, auf dem der weltberühmte Turm steht. Das einzige Hindernis, ihn zu erreichen, sind Tausende von Straßenhändlern, die uns ein Modell des krummen Bauwerks andrehen wollen. Einer der Händler hält mich am Oberarm, ich drehe den Kopf und schaue ihn an. Er lässt mich los und geht weg, ohne ein Wort zu sagen oder mir etwas anzubieten. Einige Leute, vor allem Therapeuten und Krankenschwestern, haben mir gesagt, dass man ein Schädel-Hirn-Trauma in

Stresssituationen in den Augen sehen kann. Ich habe mir bisher keine großen Gedanken darüber gemacht. Als ich jetzt aber bemerkte, wie der Händler mich anstarrte und dann sofort losließ, wusste ich, was damit wohl gemeint war.

Zum Glück sind gerade einige Reisebusse eingetroffen, der Platz um den Turm füllt sich schnell und die Händler strömen in diese Richtung. Wir machen das obligatorische Turm-Foto und suchen dann rasch nach einer Straße, die von diesem Platz wegführt. Es gibt hier noch einige andere Sehenswürdigkeiten. Andere Touristen hingegen sehen wir so gut wie nicht mehr. Wir erkunden die Nebenstraßen und Gassen der Altstadt und lassen den Tag in einem kleinen Restaurant ausklingen.

Am nächsten Tag geht es dann weiter. Eine Landkarte haben wir allerdings immer noch nicht. Also: Richtung Norden, Sonne im Rücken. Kurz nach Lucca fahren wir in die Berge. Kurzer Halt zum Mittagessen in einer kleinen Kneipe am Wegesrand. Dann steigt die Straße stark an, die Roller werden langsamer. Es wird kühler, der Wald, durch den wir fahren, immer dichter. Als wir an eine Lichtung kommen, sehe ich durch die Äste, dass der Himmel dunkel geworden ist. Und schon sind wir nass. Schnell ins nächste Dorf. Nach einer Stunde ist das Gewitter vorbei. Alles ist nass, wir brauchen ein Zimmer. Die Straße ist herrlich, sie bietet wunderbare Ausblicke und windet sich langsam den Berg hoch. Das lenkt uns ab von der Feuchte in unseren Klamotten. Wir kommen nach Pievepelago. Als wir in der Mitte des Dorfes anhalten, schlottern wir beide. Hotels sehen wir zwei, aber kein Mensch ist unterwegs, alles ist geschlossen. Es ist Sonntag, der 9. Juli, Fußball-WM-Endspiel. Italien ist im Finale. Alleine stehen wir auf dem großen Platz und frieren. Heidi sieht am anderen Ende, wie ein Mann aus einem Hotel herauskommt, an dem noch vor Minuten die Tür verschlossen war. Sie läuft schnell hinüber. Es ist der Hotelbesitzer. Er ist sehr freundlich, zeigt uns rasch unsere Bleibe, sagt aber, dass er schließen wolle, er nicht damit gerechnet habe, dass überhaupt jemand unterwegs ist. Wir duschen ausgiebig und heiß. Dann erkunden wir das völlig ausgestorbene Dorf. Alles ist geschlossen. Nach langer Suche finden wir ein Vereinsheim, in dem man gerade die letzten Vorbereitungen für das Finale trifft. Nach einigem Bitten bekommen wir immerhin eine lauwarme Pizza aus der Mikrowelle.

Am nächsten Morgen ist es wieder sonnig. Nach dem Frühstück geht es weiter. Endlich haben mal wieder in einem Bett geschlafen, das hat gut getan. Wir fahren eine Kammstraße entlang, die herrliche Ausblicke bietet. Dann geht es sanft die Berge hinunter. Vor uns erstreckt sich die Poebene. Plötzlich sind wir wieder auf einer Autostrada. Ich sehe ein Schild mit dem Hinweis „Maranello“ und gebe Gas. 20 Kilometer Autobahn, jede Menge Lkws, viel Verkehr – heute macht mir das gar nichts aus. In Maranello fahren wir ab direkt ins Zentrum und parken auf dem Marktplatz. Heidi stoppt neben mir und schaut mich verdutzt an. Seit der Abfahrt am Hotel habe ich nicht angehalten. Alles funktionierte wie automatisch. Inzwischen ist es Mittagszeit und wir haben bereits über 80 Kilometer zurückgelegt, ohne einmal anzuhalten. Neben dem Parkplatz gibt es einige Restaurants. Etwas über unserem Budget, aber ich denke nicht darüber nach, da ich guter Stimmung bin. Heidi schaut noch immer ungläubig, weiß nicht, warum ich in Richtung Osten gefahren bin, wo wir doch nach Norden wollen. Ich sage ihr, dass ich nach dem Mittagessen gern ins Museum will. Wir sind in Maranello, der Heimatstadt von Ferrari. Während sie einen Kaffee trinken geht, schaue ich mir das Museum an (Ich muss an Amanda denken, mit der ich nach dem Aufwachen aus dem Koma die ersten Worte gesprochen habe). Danach gehts zur berühmten Teststrecke.

Am Nachmittag fahren wir weiter Richtung Norden. Wir müssen mitten durch Modena. Auch das klappt trotz des Verkehrs gut. Nördlich finden wir eine kleine Landstraße, über die wir am späten Nachmittag Carpi erreichen. Wir schlendern durch die Altstadt, die wie ausgestorben ist. Ein paar Großbild-Leinwände stehen noch von der Übertragung des Fußballspiels. Wir haben die ganze Altstadt für uns.

Der nächste Ort ist Guastalla. Wir fragen nach einer Pension, aber überall ernten wir nur Schulterzucken. Ein Spaziergänger, dem wir mit Händen und Füßen klarmachen, dass wir etwas zum Übernachten suchen, deutet auf die andere Seite des Flusses. Wir fahren auf einem Feldweg am Wasser entlang bis zu einer Brücke. Wir sind am Po. Dort ist ein Hinweisschild zu einer Jugendherberge. „Alles voll", wird uns gesagt. Nach 185 Kilometer bin ich geschafft. Ich frage, ob wir nicht auf der Wiese neben dem Haus unser Zelt aufschlagen können. Als er bemerkt, dass wir nicht aufgeben, deutet der Mann an der Rezeption am Fluss entlang. Dann nimmt er einen Schlüssel vom Brett hinter ihm und bittet uns, ihm zu folgen. Wir laufen einen schmalen Fußweg und erreichen ein großes Holzgebäude auf Stelzen aus Metall. Er schließt auf und führt uns in ein Massenquartier mit mehr als einem Dutzend Betten. Er macht uns klar, dass wir Schlafsäcke und unsere eigenen Handtücher brauchen. Haben wir dabei.

Froh, dass wir etwas gefunden haben, gehen wir zurück und holen die Roller mit unserem Gepäck. Schnell duschen und dann brechen wir zu Fuß auf, um etwas zum Abendessen zu finden. Nach etwas Herumwandern finden wir einen Tennisclub mit Restaurant, das sehr nobel aussieht. Hungrig und müde entscheiden wir uns hineinzugehen, obwohl wir auf der Speisekarte am Eingang schon sehen, dass es über unserem Budget liegt.

Wir bekommen einen Tisch zugewiesen. Es ist nicht viel los. Kein Wunder bei den Preisen.

Der Ober kommt mit der Karte. Heidi fragt mich: „Was ist carpaccio cavallo?" Schmunzelnd sage ich ihr, dass ich es nicht weiß. Der Kellner kommt zurück und sie fragt ihn. Nach etwas Gestikulieren fängt sie an zu wiehern und der Ober nickt zustimmend. Wir bestellen Pizza. Aus der Küche hören wir kurz darauf großes Gelächter. Hervorragender Service, viele Späße mit dem Garçon, obwohl wir keine gemeinsame Sprache sprechen. Zufrieden und wohl genährt spazieren wir zurück zu unserer Unterkunft. Direkt am Po, der recht wenig Wasser führt, wird es aufgrund der Schnaken eine eher unruhige Nacht.

Da wir kein Zelt abbauen müssen, kommen wir am nächsten Morgen bereits früh los. Nach etwa 20 Kilometern halten wir an um zu frühstücken. Eine gute Landkarte haben wir noch immer nicht. Die Landschaft ist flach, die Straßen trotzdem kurvig. Wir bestaunen die Architektur, die sich dauernd verändert. Gegen Mittag wird der Verkehr dichter. Ich versuche, eine kleinere Straße zu finden. Auf einem Schild steht „Garda". Der See? Wir biegen ab. Und schon breitet er sich vor uns aus. Wir fahren die Uferstraße entlang nach Riva. Es ist Nachmittag, aber ich will noch ein bisschen weiter. Wir fahren durch den Ort und finden endlich eine kleine Straße, die nach Norden führt. Gleich nach den letzten Häusern steigt sie kräftig an. Bei immer langsamer werdendem Tempo haben wir viel Zeit, die atemberaubende Aussicht zu genießen. Als es wieder flacher wird, sind wir bereits in den Dolomiten.

Unsere nächste Station ist Molveno. Auf dem dortigen Campingplatz ist nichts mehr frei. Wir können aber bei einem Wohnwagen, der gegenüber der Rezeption steht, unser Zelt aufbauen. Der Platz ist winzig, die Roller müssen auf der Straße stehen bleiben. Das Zelt endet, wo der Rasen in den Asphalt übergeht.

Gleich nach dem Zeltaufbau gehen wir zu Fuß den kurzen Weg zum Dorf. Dort finden wir ein schönes Gasthaus und lassen uns auf dem großen, überdachten Balkon für ein Bier nieder. Der Himmel zieht plötzlich zu und es wird dunkel, obwohl es nicht mal sechs Uhr am Abend ist. Dann Donner. Wir beraten, was wir tun sollen. Zurück zum Zelt? Die Stangen, die beim letzten Sturm in Korsika gebrochen waren, hat Heidi nur notdürftig mit Klebeband zusammengeflickt. Aber dann fängt es auch schon zu regnen an. Innerhalb von Minuten ist die Terrasse voll mit anderen Touristen. Wir wollen unseren Platz nicht aufgeben, lieber schlafen wir im Nassen, spaßen wir und bestellen das Abendessen. Danach bleiben wir noch lange sitzen, besprechen wie immer das Erlebte. Den Tag über beschränken sich die Unterhaltungen auf kurze Pausenstopps. Im Dunkeln gehen wir zurück zu unserem Zelt. Es steht noch, schief, aber es steht, und drinnen ist alles trocken.

Recht früh am nächsten Morgen brechen wir auf. Nach wenigen Kilometern weist ein Schild zum Mendelpass. Ich weiß, wo wir ungefähr sind, wo wir unsere nächste Pause einlegen. Auf der Passhöhe.

Nach dem Mittagessen fahren wir hinunter nach Kaltern. Zum Glück ist die Straße abschüssig, denn einen Campingplatz in Sicht geht mir das Benzin aus. Die letzten Meter zur Rezeption schiebe ich. Recht brüsk wird uns mitgeteilt, dass fast alles voll ist, wir aber nicht weit von der Rezeption eine Nische haben können. Neben uns steht ein Typ mit großem Allradauto, der auch auf einen Platz wartet. Wir bleiben.

Auch hier wird uns bewusst, dass die Vorsaison beendet ist und es Zeit wird, zurück in die Heimat zu kommen. Während wir aufbauen, fährt der Jeep neben uns vor. Er dachte, dass er den Platz alleine bekommt, muss ihn nun aber mit uns teilen. Er heißt Reinhard. Er hat zwei Campingstühle unterm Arm, „damit ihr nicht auf dem Boden oder den Trittbrettern eurer Roller sitzen müsst". Als wir mit dem Aufbau fertig sind, bringt er uns kühles Bier und wir plaudern ein bisschen. Auch die Nachbarn von der anderen Seite der Straße sind zurück zu ihrem Wohnwagen gekommen, ein junges Ehepaar mit Baby. Die Roller ziehen einmal mehr die Blicke auf sich. Die junge Frau spricht uns an. Ob sie uns ein paar Fragen stellen dürfe. Klar. Warum wir nicht deutsch sprächen, sondern uns beim Zeltaufbau in einer anderen Sprache unterhielten? Dann wieder redeten wir mit dem Zeltnachbarn deutsch und sobald der weg ist wieder englisch? Sie findet es toll, dass wir Roller dabei haben, und fragt, wo unser Auto und der Anhänger stehen. Kein Auto, kein Anhänger? Den ganzen Weg hierher an den Kalterer See? Dann fängt das Baby im Wohnwagen an zu weinen und sie verabschiedet sich schnell. Wo wir bereits waren, hat sie nicht mehr gefragt.

Unser Nachbar Reinhard hat uns am nächsten Morgen bereits wieder seine Stühle gebracht und mit ihnen zwei große Portionen Rührei mit Speck. Solchen Luxus hatten wir schon lange nicht mehr. Auf der Suche nach der nächsten Tankstelle erforschen wir die Gegend zu Fuß.

Als wir zurückkommen, hole ich das Werkzeug heraus und fülle ein paar Tropfen Benzin von Heidis Roller in ein Einmachglas, das ich gefunden habe. Dann in meinen Roller. Der Aufseher des Campingplatzes beobachtet das Ganze ziemlich genau. Schon beim Einchecken war er einsilbig gewesen und seit wir angekommen sind, behält er uns im Auge. Er beobachtet uns, als ob wir Rocker wären und gleich den Campingplatz in Schutt und Asche legen wollten.

Gegen Abend sitzen wir mit unseren Nachbarn zusammen und werden viel gefragt. Als wir nachmittags unterwegs waren, hat Reinhard dem jungen Ehepaar wohl erzählt, wieviele Kilometer wir bereits auf dem Buckel haben und wo wir überall gewesen sind mit unseren kleinen Gefährten. Simone und Uwe sehen uns ungläubig an, als wir das bestätigen. Es folgen zahlreiche „Ahs“ und „Ohs“. Wenig später sucht uns der Campingplatzwart auf und belehrt uns, dass um 22 Uhr absolute Nachtruhe einzuhalten sei. Es ist nicht mal 18 Uhr.

Die Stimmung mit dem „Aufseher“ gefällt uns gar nicht, trotzdem beschließen wir, eine weitere Nacht zu bleiben. Ein Ausflug mit den Rollern um den See und ein langer Spaziergang füllen den Tag. Den Abend verbringen wir wieder mit unseren neuen Bekannten, wollen jedoch früh zu Bett, da es morgen zeitig weitergehen soll. Die Campingplatzleitung hat jedoch einen Grillabend organisiert – mit Einbruch der Dunkelheit wird es daher ziemlich laut und das bleibt so bis spät in die Nacht.

Am nächsten Tag verabschieden wir uns von unseren Campingnachbarn und ich suche den Aufseher. Anders als an allen anderen Tagen ist er aber nirgends zu finden. Los gehts, weiter Richtung Norden. Es gelingt uns, die Innenstadt von Meran zu umfahren, und bereits zur Mittagszeit haben wir die zweitgrößte Stadt Südtirols weit hinter uns gelassen und sind auf dem Weg zum Reschenpass. Vor der Kirche im Reschensee das obligatorische Foto von den Rollern.

Am späten Nachmittag erreichen wir Österreich: Landeck. Beim Abendessen diskutieren wir, wie es weitergehen soll. Der Weg mit den geringsten Steigungen führt über den Fernpass. Aber ich weiß, dass es da keine Autobahn parallel gibt und der Verkehr daher sehr stark ist. Die andere Möglichkeit ist die Arlberg-Passstraße. Dort gibt es eine Autobahn, die parallel durch den Tunnel geht, und der Pass ist für den Schwerlastverkehr gesperrt.

Gleich nach Landeck beginnt die Straße zu steigen und schon nach wenigen Kilometern halten wir an, um zu frühstücken. Dann wird es immer steiler. An einem Parkplatz stoppen wir, um die Aussicht zu genießen. Als wir weiter wollen, schaffen es die Roller aufgrund der Steigung nicht, in Schwung zu kommen. Ich schiebe Heidi an, bis der Roller etwas Fahrt aufgenommen hat und sie kriecht weiter den Berg hoch. Zum Glück ist der Parkplatz recht groß und wir haben am oberen Ende geparkt. Ich fahre den Berg hinunter um Schwung zu holen und drehe dann am Ende des Parkplatzes um und fahre Heidi nach. Mühsam für die Roller geht es weiter bis auf die Arlberg-Passhöhe. Dort biegen wir nach kurzer Beratung ab Richtung Lech. Es wird noch steiler. Glücklicherweise ist kaum Verkehr und wir müssen nicht anhalten. Nach mühsamer Fahrt erreichen wir den berühmten Wintersportort.

Es ist Mittag und wir gönnen uns eine Pause sowie ein ausgiebiges Mittagessen in einem Biergarten mit herrlichem Panorama. Ich werde sehr ruhig. Hier war ich früher oft zum Skilaufen. Das werde ich wohl nie mehr tun. Meine Balance ist immer noch schlecht, das rechte Bein hat kein Gefühl und die ganze rechte Seite ist noch sehr schwach. Die Hand funktioniert auch nur, wenn ich sie ansehe. Wir beschließen, dass wir uns kurz nach dem Hochtannbergpass nach einer Übernachtungsmöglichkeit umsehen. Am Ortsausgang werden wir von der Polizei angehalten. Ich bin verwundert; seit der Ortsmitte geht es bergauf, zu schnell gefahren können wir kaum sein. Wir nehmen die Helme ab. Der Beamte schaut uns etwas verwundert an und fragt nach Führerschein und Papieren. Ich sitze noch auf dem Roller, drehe mich ein wenig um und frage Heidi, die versetzt neben mir steht, auf Englisch nach den Papieren. Als der Beamte mich Englisch sprechen hört, schaut er mich verdutzt an. Dann sieht er auf Heidis Führerschein. Australisch, murmelt er. Er gibt ihn Heidi zurück und winkt uns weiter, ohne andere Papiere sehen zu wollen. Als wir langsam an dem Auto der Polizisten vorbeifahren, sehe ich, wie er sich angeregt mit seinem Kollegen unterhält, auf uns zeigt und den Kopf schüttelt.

Wir fahren weiter nach Warth und dann den Hochtannbergpass hinunter. Auf halbem Weg biegen wir ab nach Oberstaufen und erreichen schon bald die Grenze. Zur Feier, wieder in Deutschland zu sein, gibt es erst mal Kaffee und Kuchen. Seit Warth geht es abwärts, also haben wir eine relativ große Strecke schnell hinter uns gebracht. Wir beschließen noch etwas weiter zu fahren. Heidi fragt mehrmals, ob das in Ordung ist, schließlich haben wir heute schon eine ordentliches Stück hinter uns gebracht. Sie sagt, sie habe Bedenken, dass es so ausgehen könnte wie vor ein paar Wochen in Sisteron.

„Aber das war vor über vier Wochen und seitdem habe ich Riesenfortschritte gemacht“. Wir reisen durch Oberstaufen und dann Richtung Norden. In die Landkarte schauen wir nicht mehr; ich fahre voraus, lese Schilder und wir gelangen nach Weingarten bei Ravensburg. Eine kleine Stadtrundfahrt, und wir finden einen Gasthof am Rande der Stadt, in dem wir uns ein Zimmer nehmen.

Beim Frühstück am nächsten Morgen spreche ich mit Heidi darüber, dass wir nur noch eine Nacht hätten, bevor wir wieder in Knittlingen seien.

Wie immer, wenn wir kein Zelt abbauen müssen, geht es früh los. Als es Zeit für unsere erste große Pause ist, sind wir bereits in Sigmaringen. Wir fahren bis an den Rand der Fußgängerzone. Heidi will in die Landkarte sehen, aber ich sage ihr, dass ich vorausfahre, ich werde schon finden, wo wir hinwollen. Vorbei am Schloss Hohenzollern erreichen wir zur Mittagszeit bereits Wildberg im Nagoldtal. Wir kaufen uns belegte Brötchen und halten für ein Picknick am Ufer der Nagold.

In Calw biegen wir ab Richtung Althengstett, um die Innenstadt von Pforzheim zu vermeiden, und nach kurzer Zeit erreichen wir Wimsheim. Heidi hält an und schlägt vor, bei meinem früheren Abteilungsleiter bei der Neumo, Peter Mayer, vorbeizuschauen. Eine letzte Pause bei ihm und seiner Familie und wir sind auf dem Weg nach Knittlingen. Zwei Tage hatte ich für diese Etappe eingeplant, aber bereits am späten Nachmittag des ersten treffen wir dort ein. Was ein Fortschritt verglichen zum ersten Tag unserer Reise.

Als wir in unsere Straße einbiegen, ist meine Mutter gerade vor dem Haus. Ich sehe Erleichterung und Freude in ihrem Gesicht. Natürlich fragt sie als Erstes, warum wir uns in den letzten sechs Wochen nicht gemeldet haben. Ich lache los. Das waren immer die ersten Worte, die sie sagte, wenn ich früher von einem langen Urlaub nach Hause kam. Manche Dinge ändern sich nie.

Wieder im Kraichgau

Unter unseren Verwandten und Freunden spricht es sich schnell herum, dass wir wieder im Ländle sind. Wir bekommen viel Besuch und werden immer wieder eingeladen, müssen versprechen vorbeizuschauen. Nach unserem täglichen Nachmittagsspaziergang warten auf dem Balkon meiner Eltern zumeist schon die nächsten Gäste. Meine Mutter wird nicht müde, Kaffee zu kochen und unsere Freunde zu bewirten.

Ich bin guter Dinge und stolz auf das, was wir erlebt haben. Wir sind viel unterwegs und die ersten Tage in Knittlingen vergehen rasend schnell. Heidi hat leider dauernd Magenschmerzen, und nach ein paar Tagen geht sie freiwillig zum Arzt. Ganz ohne Zureden von mir. Das ist gar nicht üblich und überrascht mich. Sie hat Probleme mit der Bauchspeicheldrüse. Als sie dem Arzt sagt, wie sie die letzten Wochen verbracht hat, die dauernden Sorgen, wo wir abends sein werden und wie ich den nächsten Tag bewältige, wundert sich dieser nicht und sagt ihr, das sei auf den Stress zurückzuführen. Slow down. Wir lassen es etwas ruhiger angehen.

Am Samstagnachmittag fahren wir zu Regina und Volker, am Sonntagmorgen dann alle zusammen nach Herrenberg zu Charlotte und Walter. Die beiden freuen sich sehr über unseren Besuch. Charlotte hat für uns alle gekocht und wir verbringen einen verregneten Sonntagnachmittag zusammen.

Am nächsten Tag setzen uns Regina und Volker auf dem Heimweg in Knittlingen ab. Abends genießen wir den elterlichen

Garten. Es ist wunderschön hier. Und doch: Wir haben Heimweh und so beschließen wir, dass wir früher als geplant nach Hause fliegen. Am nächsten Tag gehen wir ins Reisebüro und verlegen unseren Flug auf zwei Tage später.

Schnell noch ein paar Besuche und schon sind wir auf dem Weg nach Australien. Während der Reise kommen viele Gedanken in mir hoch. Was soll ich mit mir anfangen? Was den ganzen Tag tun? Finanziell sieht es auch nicht gerade gut aus: Der Disput mit der Versicherung bezüglich Lohnfortzahlung hat gerade erst angefangen. Aber ich habe diese Herausforderung gemeistert. Bestimmt wird es mir mit der Zeit auch gelingen, meinen Alltag zu meistern.

Neun Jahre später. Ich sitze in Leos Garten, während ich diese Zeilen schreibe. Eigentlich ist es ein Hof, mitten in Bretten. Der Hof eines Freundes. Mir gegenüber lächelt Heidi. Gerade spazieren ein paar Bekannte durch den großen, alten Torbogen mit der mächtigen Holztür und ihrem schwergängigen Hebel. Es ist Sommer, kurz vor Peter-und-Paul. Ich bin zurück, zurück im Leben. Das ist wahrlich ein großartiger Zustand.

Rast in der Schweiz:
Brunnen am Vierwaldstättersee

Norwin Dwinger
Beschleunigtes Leben

Autos hatten für den Journalisten Norwin Dwinger von frühester Kindheit an etwas Faszinierendes; auf dem einsamen, elterlichen Hof im Allgäu stellten sie eine besondere Form der Bewegungsfreiheit dar. Opportunismus, Größenwahn und Unfreiheit der Nazizeit ließen in dem Jungen den Wunsch entstehen, es später anders zu machen: frei zu berichten in der heraufziehenden neuen Zeit als Rundfunkredakteur, seinem Traumberuf. Ein Traum blieb hingegen ein Fiat Topolino, den der junge Autofan im Chaos des Kriegsendes zu erbeuten hoffte. Bis zum ersten eigenen Auto dauerte es noch. Das Geld reichte nur für anfällige Kisten, mit denen abenteuerliche, oft lebensgefährliche Reisen unternommen wurden. Aber langsam ging es aufwärts, über einen alten DKW F 7, einen Gutbrod Superior, den feinen, alten Mercedes Diesel bis zum rasanten Volvo. Während die Autos immer größer und schneller wurden, schrumpfte in den Siebzigern die Meinungsfreiheit im Rundfunk, auch im damaligen SWF. Wegen der Personalpolitik im Sender habe „nur noch der Fisch in der Kantine sein Rückgrat" witzelte 1973 ein Fernsehreporter im Spiegel. Nicht nur daran erinnert sich Dwinger in seinem „Beschleunigten Leben", sondern an manch legendäres „voiture automobile" und die Geschichten, die das Leben mit den Gefährten schrieb.

Norwin Dwinger studierte Psychologie, Rechts- und Wirtschaftswissenschaften bis er als politischer Redakteur zum Südwestfunk ging. 1977 wurde er Vorsitzender des Personalrats der Zentrale in Baden-Baden. Immer wieder gewählt, erlebte er in dieser Position seine Pensionierung. Dwinger lebt in Karlsruhe und im Elsass. 1985 erschien von ihm das Jugendbuch „Schatten im Frühling".

Paperback, 576 Seiten
ISBN 978 3 88190 869 6
24,95 Euro

Eberhardt Raetz
Auf dem Schlappseil

Das gemeinsame Familienessen verläuft fast ohne Zwischenfall. Der Sohn tischt Köstlichkeiten aus Damaskus auf. Die Enkelkinder spielen ebenso friedlich wie der See den Eltern und Großeltern einmal mehr zu Füßen liegt. Das Idyll am Lac Léman ist nahezu perfekt, als die Tochter beim Abräumen des Tisches wieder das Zittern der linken Hand ihres Vaters bemerkt. „Was ist eigentlich los mit dir?" Dem passionierten Ausdauersportler war bereits seit einiger Zeit sein unsicherer Tritt aufgefallen. Diagnose: Morbus Parkinson. 100 tagebuchartige Skizzen hat Eberhard Raetz zu einer ungewöhnlichen Erzählung verwoben. Mit seinen Paper cuts und literarischen Exkursionen inszeniert er kein Lamento über eine Krankheit, sondern legt einfühlsame Momentaufnahmen und Erinnerungen seines Protagonisten vor.

Eberhard Raetz, geb. 1938, Diplom-Chemiker, war viele Jahre als Technischer Direktor eines Nahrungsmittelkonzerns in der Schweiz tätig; berufliche Aufenthalte führten ihn u. a. nach Italien, Spanien sowie Südamerika. 1997 erschien sein Roman „Kaspartheater", 2000 der Roman „Endlins Flucht", 2006 die Kriminalerzählung „Hôtel de la Paix. Ein politischer Mord in Lausanne" (2008 in französischer Übersetzung). Daneben hat der weitgereiste Lebensmittelexperte das Reiselesebuch „Genfer See und die Romandie" (2. Aufl. 2003) verfasst, außerdem Texte in Anthologien und Zeitschriften. 2011 erschien in Zusammenarbeit mit dem deutschen Maler Johannes Gervé das „Reisenotizbuch", ein bibliophiler Reisebegleiter, der 30 Reisetexte und Reiseskizzen enthält (2. Aufl. 2013). Eberhard Raetz lebt in Vevey in der Schweiz.

Hardcover, 240 Seiten
ISBN 978 3 88190 852 8
16,80 Euro

Lindemanns Bibliothek, Band 249
herausgegeben von Thomas Lindemann

Fotos: S. 143: Heidi Platzer;
Titel: iStock by Getty Images, Benny Marty

ISBN 978-3-88190-860-3
www.infoverlag.de